Regel und Leben
WFF 1

Werkstatt Franziskanische Forschung

Band 1

Regel und Leben
Materialien zur Franziskus-Regel

I

Herausgeben von der
Werkstatt Franziskanische Forschung
in Verbindung mit der
Fachstelle Franziskanische Forschung

Bibliografische Information der Deutschen Nationalbibliothek
Die Deutsche Nationalbibliothek verzeichnet diese Publikation in der Deutschen
Nationalbibliografie; detaillierte bibliografische Daten sind im Internet
über http://dnb.ddb.de abrufbar.

Titelblatt: Wolf Traut: Franziskus stiftet die drei Orden (Nürnberg um 1512)

Herausgegeben von der Werkstatt Franziskanische Forschung
in Verbindung mit der Fachstelle Franziskanische Forschung
Redaktion: Fachstelle Franziskanische Forschung (FFF)
              Überwasserkirchplatz 2, 48143 Münster

Satz: FFF (Münster)

Herstellung und Verlag: Books on Demand GmbH, Norderstedt

ISBN 9783837003888

Vorwort

Franziskus ist nicht nur im deutschsprachigen Raum ein beliebter Heiliger. Zeitgenössische Bilder stellen ihn häufig dar. Passt aber in unsere Tage noch eine Sicht, wie der Holzschnitt auf der Titelseite dieses Buches sie zeigt? Wolf Traut hatte im Jahr 1512 Franziskus wie einen der früheren Ordensstifter dargestellt, der den Vertretern seiner drei Orden ein Regelbuch überreicht. Wie aber verhält sich das Wort- und Lebenszeugnis des Franziskus zu der Bullierten Regel seines Ordens? Eine Auseinandersetzung mit ihr ist inzwischen selten geworden. Der letzte in Deutschland entstandene Kommentar zur Franziskusregel wurde im Jahr 1955 von den Pionieren der deutschen Franziskanologie geschrieben (Nr. 48 in der Bibliografie in diesem Band).

Heißt das, dass selbst in der franziskanischen Familie kein Bedarf mehr an einem solchen Kommentar besteht? Müssen wir nicht in Kenntnis der Dokumente zum Leben der frühen Brüder und der FranziskusSchriften (Opuscula) sogar davon ausgehen, dass sich Franziskus selbst konsequent gegen eine Regel gestellt hat und einzig das Evangelium als Lebensbuch anerkennen wollte? Das wäre sicherlich zu kurz gegriffen: Denn der Gedanke erscheint doch seltsam, dass alle bekannten Texte aus der Frühzeit des Ordens etwas über das franziskanische Leben zu sagen hätten, nur ausgerechnet die Regel nicht. Da sie aber doch mit den Worten „Regel und Leben" beginnt (BR 1,1), gelten beide Worte – „Regel" *und* „Leben" – als Koordinaten eines Lebens in der Nachfolge des Mannes aus Assisi.

Im Jahr 1209 bestätigte Papst Innozenz III. dem hl. Franziskus mündlich seine heute nicht mehr erhaltene Urregel, aus der über die so genannte „Nichtbullierte Regel" von 1221 schließlich die 1223 päpstlich „Bullierte Regel" hervorging. Deshalb feiert der Minderbrüderorden 2009 das 800. Jubiläum der Regelbestätigung. Eine interprovinzielle und internationale Arbeitsgruppe von Franziskanern bereitet aus diesem Anlass einen neuen Regelkommentar vor. Der vorliegende Band dokumentiert Arbeiten, die im Kontext der Erarbeitung des Kommentarwerks entstanden sind.

Einleitend öffnet Johannes Schneider mit seinem „Lese-Schlüssel" einen hermeneutischen Zugang zur Bullierten Regel. Sodann fasst

Benedikt Mertens den zwischen 1996 und 1999 in mehreren Folgen erschienenen Regelkommentar des spanischen Kapuziners Julio Micó zusammen und kommentiert ihn kurz. Volker Stadler arbeitet die in der Regel aufscheinenden biblischen Bezüge heraus und zeigt auf diese Weise die Bedeutung vor allem der synoptischen Evangelien und paulinischen Briefe für die Regel von 1223 auf. Mit dem ältesten Kommentar zur Regel, dem Schreiben „*Quo elongati*" Papst Gregors IX. von 1230, befassen sich die zwei anschließenden Beiträge: Johannes Schneider legt eine Übersetzung des Textes ins Deutsche vor, den Johannes Schlageter aus historischer und fundamentaltheologischer Perspektive näher beleuchtet.

Um dem Leser ein eigenes Weiterstudium zu ermöglichen, schließt dieses Buch mit einer von Cornelius Bohl zusammengestellten Bibliografie zu den Franziskusregeln, die den internationalen Charakter der Forschung verdeutlicht.

Die Herausgeber hoffen, auf diese Weise das Franziskusbild unserer Tage zu bereichern.

Paul Zahner ofm / Damian Bieger ofm

Erstmals werden die neuen Abkürzungen (Siglen) der in Vorbereitung stehenden Quellenausgaben zu Franziskus und Klara verwendet. Eine Aufstellung befindet sich am Ende des Buches.

Inhalt

Regulam spiritualiter observare

Lese-Schlüssel zur Bullierten Regel des hl. Franziskus
von Johannes Schneider ofm

Buchstäblich und kommentarlos

Der „Spiegel der Vollkommenheit" (*Speculum Perfectionis*),[1] den man als eine Art Hermeneutik der Franziskusregel bezeichnen könnte, beginnt mit einem programmatischen Bericht von der Abfassung der Bullierten Regel. Als Franziskus mit Br. Bonitius von Bologna auf einen Berg bei Fonte Colombo stieg, „um eine andere Regel zu verfassen, die er auf Geheiß Christi niederschreiben ließ", sagten die Minister zum Ordensvikar Br. Elias: „Wir haben gehört, dass dieser Bruder Franziskus eine neue Regel macht, und wir befürchten, dass er sie zu streng macht, sodass wir sie nicht befolgen können (*ita asperam quod non possimus eam servare*). Wir wollen also, dass du zu ihm gehst und ihm sagst, dass wir auf diese Regel nicht verpflichtet sein wollen. Er soll sie für sich und nicht für uns machen" (SP 1,1-3). Franziskus gab darauf keine direkte Antwort, sondern ließ die anwesenden Brüder die Stimme Christi vom Himmel hören: „Franziskus, nichts in der Regel ist von dir, sondern alles, was darin steht, ist mein; und ich will, dass die Regel so beobachtet werde: auf den Buchstaben, auf den Buchstaben, ohne Kommentar, ohne Kommentar, ohne Kommentar" (SP 1,8).

Mit dieser Overtüre zu diesem berühmten Franziskusbuch des 14. Jahrhunderts scheint jede Regelhermeneutik von vornherein abgeblockt zu sein. Denn nach dem Willen Christi, von dem allein alles stammt, was in der Regel steht, der also der alleinige Autor des Textes ist, muss dieser beobachtet werden: *ad litteram, ad litteram, ad litteram, sine glossa, sine glossa, sine glossa*. Allerdings stellt dieser Bericht von der Verbalinspiration der Regel bereits selbst eine Regelhermeneutik dar, wie auch das ganze Buch sich immer wieder um die Regel dreht. Würde man diese Weisung von der literalen und kommentarlosen Regelbeobachtung buch-

---

[1] Speculum Perfectionis. In: Fontes Franciscani, hg. von Enrico MENESTÒ, Stefano BRUFANI u. a. S. Maria degli Angeli – Assisi 1995, 1827-2053, 1849f.; dt.: Der Bericht über das Leben des heiligen Franz von Assisi oder Der Spiegel der Vollkommenheit. Mit einem Nachwort von Romano GUARDINI, übers. von Wolfgang RÜTTENAUER. München 1981 (= SP).

stäblich, das heißt *ad litteram*, befolgen, dann dürfte man über die Regel gar nicht sprechen, auch nicht in Beispielen und Erzählungen, wie dies im ganzen Speculum Perfectionis immer wieder geschieht. Der Aufruf *ad litteram – sine glossa* ist also bereits selbst eine Glosse und ein sehr klarer hermeneutischer Schlüssel, der sagt, so und nicht anders muss die Regel verstanden werden.

Schlüssel des Paradieses

Franziskus nennt die Regel unter anderem „Schlüssel des Paradieses" (*clavis paradisi*: 2 C 208,2).[2] Ich möchte beim Bild des „Schlüssels" bleiben, es aber anders als Franziskus anwenden. Während er nämlich die Regel als Schlüssel sieht, der uns die Paradiesestür aufsperrt, brauchen wir zuerst einen Schlüssel, der uns das versiegelte Buch der Regel aufsperrt. Franziskus selbst bediente sich in seinem Denken und Reden nicht „der Schlüssel philosophischer Unterscheidungen" (*distinctionum claves*: 2 C 107,3), wie sein Biograf betont. Viele von uns werden jedoch auf ein Instrument, das uns diesen Text aufschließen hilft, nicht leicht verzichten können. Denn das Problem, das die Minister mit der Bullierten Regel des Franziskus anmeldeten, hat sich bis heute nicht geändert. Die Furcht, dass die Regel zu streng und praktisch unlebbar sei, führt nicht selten dazu, dass sich Brüder erst gar nicht mit der Regel beschäftigen. Sie ist vielfach kein wirklich relevanter Text mehr im täglichen Leben des Minderbruders. Dadurch dass die Regel als ein in sich geschlossener und rechtlich abgeschlossener Text betrachtet wird, wird sie auch zu einem verschlossenen Text. Die Regel, die als Schlüssel die Tür des Paradieses aufsperren sollte, stellt sich selbst als enge, verschlossene Tür dar, vor der wir wie das Kamel vor dem Nadelöhr stehen.

So soll es im Folgenden um den Entwurf eines so genannten „hermeneutischen Schlüssels" gehen. Statt mich aber in den schwierigen und komplexen Begriff der „Hermeneutik" einzulassen, möchte ich beim Bild des „Schlüssels" bleiben und es ganz einfach und direkt anwenden. Wenn wir von einem alten schmiedeeisernen Schlüssel ausgehen, dann muss

---

[2] Thomas von Celano, Zweite Lebensbeschreibung. In: Thomas von Celano, Leben und Wunder des heiligen Franziskus von Assisi, Einführung, Übersetzung, Anmerkungen Engelbert GRAU. Werl/Westf. [5]1994 (FQS, 5) 217-416; Fontes (wie Anm. 1) 443-639 (= 2 C).

dieser eine erste grundlegende Qualität haben: Er muss aus demselben, oder zumindest ebenso guten Material sein wie das Schloss, das er aufschließen soll. Für einen Schlüssel zur Franziskusregel heißt das, dass er aus demselben oder wenigstens ebenso guten „Material" geschmiedet sein soll wie jenes, aus dem der aufzuschließende Text der Regel gemacht ist. Einen Schlüssel zur Regel aus demselben Material zu schmieden, aus dem die Regel besteht, bedeutet also, ihn aus dem Material, nämlich den Worten der Regel selbst, oder aus anderen der Regel verwandten, oder sich auf sie beziehenden Texten zu gewinnen. Man könnte deshalb das ganze Corpus der authentischen Franziskusschriften als Rohmaterial für einen Auslegungsschlüssel zur Regel verwenden. Ich möchte mich aber bei der Herstellung dieses Schlüssels hauptsächlich auf die Bullierte Regel selbst beschränken.

Abgesehen vom hochwertigen Material ist es der so genannte „Schlüsselbart", von dem die Funktionstüchtigkeit eines Schlüssels abhängt. Der Schlüsselbart wird gebildet durch eine so genannte „Treppe", die aus verschieden hohen Elementen besteht. Ein Treppenelement allein würde nicht sperren, es müssen vielmehr alle Elemente wie ein Stück zusammenwirken. Die Treppenelemente können sehr verschieden voneinander sein, um nicht zu sagen gegenteilig. Da gibt es Erhöhungen und Vertiefungen, runde und eckige, geschwungene und gerade Formen. Dies wird für den Lese-Schlüssel wichtig sein, den wir herzustellen suchen, da einzelne Elemente für sich genommen in Spannung zueinander stehen, ja sich gelegentlich auch zu widersprechen scheinen. Ein echter Schlüssel ist jedenfalls kein Dietrich, der das Schloss sozusagen mit List öffnet, aber auch keine Brechstange, die die Tür mit Brachialgewalt aufbricht. Ein richtiger Schlüssel wird deshalb auch ein wenig kompliziert sein.

Was aber die Präzision des Schlüsselbartes betrifft, der ja genau in das Schloss passen muss, will ich das Bild nicht pressen. Die Auswahl der verschiedenen Elemente für den Schlüsselbart kann zwar nicht willkürlich getroffen werden, aber sie ist doch Ermessenssache. Die Zahl der Bartelemente kann vermehrt oder vermindert, feiner aufgegliedert oder vereinfacht werden. Die Richtigkeit der Methode wird sich erst daran erweisen, ob mit dem so angefertigten Schlüssel der Text ein wenig aufgeschlossen werden kann. Ich versuche nun, aus der Bullierten Regel einen Schlüssel mit einigen Treppenstufen zu bauen, die aber – wie gesagt – alle zusammenhängen und nur zusammen den einen Schlüssel ausmachen.

1. Leben

Ein erstes Element für den Schlüssel entnehme ich den ersten Worten der Bullierten Regel, deren Überschrift lautet: „Es beginnt das Leben der Minderen Brüder" (*Incipit vita Minorum Fratrum*). Dann folgt: „Regel und Leben der Minderen Brüder ist dieses" (*Regula et vita Minorum Fratrum haec est*: BR 1,1).[3] Es mag bezeichnend sein, dass in der Überschrift der Begriff *regula* fehlt und nur von *vita* die Rede ist. Darin können wir einen wesentlichen Ausgangspunkt zur Auslegung der Regel sehen. Es geht in der Regel nicht um die Regel, sondern um Regel und Leben, ja zuallererst um das Leben allein, und zwar um das Leben der Minderen Brüder. Natürlich ist mit dieser *vita minorum* eine bestimmte „Lebensform" gemeint, nämlich jene, die der Herr dem Franziskus geoffenbart hatte: „nach der Form des heiligen Evangeliums zu leben" (*vivere secundum formam sancti evangelii*: Test 14). Aber mag diese Lebensform auch anspruchsvoll sein, so geht es doch in erster Linie darum, nach einer bestimmten Form zu leben, und nicht an einer tödlichen Struktur zu sterben. Dass es auch einen lebensgefährlichen, todbringenden Umgang mit dem Evangelium, der Heiligen Schrift oder überhaupt mit geistlichen Texten gibt, zeigt Franziskus in der 7. Ermahnung: „Jene sind tot durch den Buchstaben [der Schrift], die nur die Worte allein zu wissen begehren" (*Illi sunt mortui a littera, qui tantum sola verba cupiunt scire*: Erm 7,2). Das Wort Gottes will jedoch dem Leben dienen, das durch den Geist des Buchstabens bewirkt wird: „Und jene sind lebendig gemacht vom Geist des göttlichen Buchstabens" (*sunt vivificati a spiritu divinae litterae*: Erm 7,4).

Das Evangelium kann nur „lebend" wirklich beobachtet werden: „Das Evangelium beobachten lebend (*vivendo*) in Gehorsam".[4] Es mag Zufall

---

3   Übersetzung nach der lat. Ausgabe von ESSER, Kajetan: Die Opuscula des hl. Franziskus von Assisi. Neue textkritische Edition. Zweite, erweiterte und verbesserte Auflage besorgt von Engelbert GRAU. Grottaferrata 1989 (Spicilegium Bonaventurianum, 13).

4   Vielleicht meint Klara dies, wenn sie Agnes vor lebensbedrohlicher Strenge mahnt: „damit du als Lebendige den Herrn preist" (*ut vivens confiteris Domino*: 3 Agn 41). Aber zuvor musste Franziskus Klara selbst ihr „lebensgefährliches Fasten" (*exitiale ieiunium*: LebKl 18,7) verbieten. Texte in: Legenda Sanctae Clarae Assisiensis. In: Fontes (wie Anm. 1) 2401-2450; GRAU, Engelbert / SCHLOSSER, Marianne: Leben und Schriften der heiligen Klara von Assisi. Kevelaer 2001; SCHLOSSER, Marianne (Hg.): Im Spiegel Christi. Die Schriften der Klara von Assisi. Mit einer Kurzbiographie von Johannes SCHNEIDER. Kevelaer 2004.

sein, dass Franziskus schon zum dritten Mal innerhalb des ersten Regel-
satzes das Wort „leben" wiederholt. Dennoch scheint das dreimalige Vorkommen des Wortes „Leben / leben" (*vita / vivere*) auf diesem kleinsten
Raum ein tonangebendes Vorzeichen für das gesamte Regelverständnis
zu sein. Der vorgelegte Regeltext ist Produkt einer lebendigen Gemeinschaft, die sich in einem dynamischen Prozess des „Lebens nach der
Form des Evangeliums" auf die folgenden Weisungen als „Lebensregel"
geeinigt hat. Der Regeltext ist dem konkreten Leben der Brüder ent-
sprungen, reflektiert dieses und kodifiziert es, immer aber so, dass es der
vita minorum, dem „Leben der Minderen Brüder" dient.

Das Schlüsselwort „Leben" wird vom zweiten Regelkapitel wieder auf-
gegriffen: „Von denen, die dieses Leben annehmen wollen" (*De his qui
volunt vitam istam accipere*), heißt es programmatisch in der Überschrift.
Dies wird im ersten Vers weiter ausgeführt: „Wenn welche dieses Leben
annehmen wollten und zu unseren Brüdern kommen" (*Si qui voluerint hanc
vitam accipere et venerunt ad fratres nostros*: BR 2,1). Wiederum ist hier
zunächst nicht von *regula* die Rede. Wer in den Orden eintritt, der nimmt
eine bestimmte Form des Lebens an, und zwar „dieses Leben (da)", wie
zwei Mal betont wird: *istam vitam, hanc vitam*. Die Nicht-bullierte Regel
betont das Annehmen dieses Lebens noch stärker, wenn sie sagt: „Wenn er
nun fest wäre, unser Leben anzunehmen" (*Quodsi fuerit firmus accipere
vitam nostram*: NbR 2,2). Es handelt sich um „unser" konkretes Leben, das
angenommen wird. Den Grundton dieses unseres Lebens soll dann der
Minister dem Kandidaten in gütiger und sorgfältiger Weise darlegen (*vitae
nostrae tenorem sibi diligenter exponat*: NbR 2,3).

Dieses Leben anzunehmen geht einher mit dem „Kommen zu unseren
Brüdern". Das bedeutet das Annehmen einer konkreten Lebensgemein-
schaft, das apriorische Akzeptieren von bestimmten lebendigen Menschen,
nämlich „unseren Brüdern". Das ist durchaus nicht immer selbstverständ-
lich, denn es kommt nicht selten vor, dass Leute kommen, die zwar ideale
Vorstellungen mitbringen, aber das reale Leben und die wirklichen
Brüder nicht annehmen wollen oder können. Die Regel spricht aber hier
weder von sich selbst noch „von solchen, die eine ideale Regel annehmen
wollen", sondern von denjenigen, die sich entscheiden wollen, dieses
konkrete und reale Leben anzunehmen, und die deshalb auch zu diesen
konkreten, nämlich „unseren Brüdern" kommen, um mit ihnen dieses
Leben zu teilen. Erst in der zweiten Hälfte dieses Kapitels ist dann noch
einmal von der Regel die Rede, wenn die Novizen nach der Probezeit

versprechen sollen, „dieses Leben da und die Regel zu beobachten" (*vitam istam semper et regulam observare*: BR 2,11). Hier fällt aber auf, dass – im Unterschied zum Anfang (1,1) – die „Regel" dem „Leben" nachgestellt wird.

Der Begriff „Leben" kommt in der Bullierten Regel dann nur noch einmal, und zwar in einer Reminiszenz an Psalm 142,6 vor.[5] Franziskus nennt die „allerhöchste Armut" Christi, der sich für uns arm gemacht hat, jenen Anteil der Brüder, „der hinführt zum Land der Lebendigen" (*quae perducit in terram viventium*: BR 6,5). Ziel „dieses Lebens", des konkreten Lebens der Minderbrüder nach dem Evangelium nach der Form der Regel, deren Inhalt wiederum die stellvertretende Armut Christi darstellt, ist das „Land der Lebenden", oder, um es mit dem Evangelium auszudrücken: „das Leben in Fülle zu haben" (Joh 10,10). Dieses „unser ewiges Leben" ist aber nach Franziskus der Dreifaltige Gott selbst, wie er auf La Verna bekennt: „Du bist der Dreieine und der Eine ..., Herr und Gott, lebendig und wirklich, ... Du bist unser ewiges Leben (*Tu es trinus et unus ... Dominus Deus vivus et verus ... Tu es vita aeterna nostra*: LobGott 3. 6).

2. Not

Ein anderes Begriffsfeld, das gerade die Konkretheit „dieses Lebens" und dieser konkreten Brüder ausdrückt, bildet sich um den häufig vorkommenden Ausdruck der „Not" (*necessitas*). So sagt Franziskus im Zusammenhang mit der Kleiderfrage: „Die durch Not(lage) gezwungen sind, können Schuhwerk tragen" (*necessitate coguntur*: BR 2,15). Die gleich darauf folgende Erlaubnis, dass die Brüder die wertlosen und schlechten Kleider „mit Sackstoffen und anderen Tuchstücken verstärken können", entspringt ähnlicher persönlicher, leiblicher Notlage (2,16). Die *necessitas* ist das Gesetz der Naturnotwendigkeit, jene unerbittliche Regel, die das konkrete Leben vorschreibt. Deshalb sind die Brüder „zur Zeit offenkundiger Not nicht zum leiblichen Fasten verpflichtet" (*manifestae necessitatis*: 3,9). Sie dürfen sogar zu Pferd reiten (*equitare*), was damals auch ein Statussymbol war, „wenn sie durch offenkundige Notlage oder Krankheit dazu gezwungen werden" (*manifesta necessitate*:

---

[5] Diesen Psalm verwendet Franziskus in seinem Leidensoffizium und betet ihn – nackt auf der nackten Erde von Portiunkula – bei seinem Sterben (Off Vers 1-6; 1 C 109,6).

14

3,12), eine Notlage, in die Franziskus selbst geraten ist. Die Minister sollen trotz rigorosen Geldverbots um die „Nöte der Kranken" (*necessitatibus infirmorum*) und die Bekleidung der anderen Brüder „gewissenhaft Sorge tragen nach Maßgabe der Orte und Zeiten und kalten Gegenden, wie sie es sehen werden, dass es der Not abhelfe" (*necessitati viderint expedire*: 4,2).[6] Die Nicht-bullierte Regel schließt die Regelungen bezüglich der verschiedenen Nöte, in die Brüder geraten können, mit dem klassischen Grundsatz: „denn Not hat kein Gebot" (*quia necessitas non habet legem*: NbR 9,20). Das Maß von Nahrung, Bekleidung und Versorgung ist nicht durch starre Vorschriften reguliert, sondern die Regel selbst macht die konkreten Lebensbedingungen, unter denen die Brüder leben, zum Maß ihrer konkreten Lebensweise. Entsprechend dürfen die Brüder von ihrer eigenen Hände Arbeit leben, für die sie das „Lebensnotwendige empfangen" (*corporis necessaria recipere*: BR 5,3). Gerade weil die Brüder ungesichert durch die Welt ziehen „wie Emigranten und Ausländer" (*peregrini et advenae*: 6,2), soll einer dem anderen in der Sicherheit gegenseitigen Vertrauens die Not offenbaren (*Et secure manifestet unus alteri necessitatem suam*: 6,8).

Mit dieser letzten Nennung des Begriffes *necessitas* führt Franziskus – gleichsam als personaler Entsprechung gegenüber jeglicher Not – das Bild von „Müttern und Kindern" ein: „denn, wenn schon eine Mutter ihr leibliches Kind nährt und liebt, um wie viel sorgfältiger muss einer seinen geistlichen Bruder lieben und nähren" (6,8). Konkret wird die mütterliche Bruderliebe, wenn ein Bruder in der Not schwerer Krankheit (um-)fällt (*in infirmitate ceciderit*), so dass ihm die Brüder dienen sollen, wie sie selbst in ähnlicher Lage bedient zu werden wünschen (6,9). Gleich anschließend geht Franziskus zu einer ganz besonderen Art von Notlage und geistlicher Krankheit über, nämlich: „Wenn welche von den Brüdern durch Anstachelung des Feindes tödlich sündigen" (7,1). Die Regel rechnet offenbar mit solchen Notfällen des konkreten menschlichen und geistlichen Lebens, und wahrscheinlich hatte es diesbezüglich in der Bruderschaft auch schon Vorfälle gegeben, sonst wäre nicht dieser Thematik ein ganzes Kapitel gewidmet. Die realistische Möglichkeit moralischen Versagens, sogar schwerer, das menschliche und seelische Leben bedrohender Verstöße, wie der Ausdruck *mortaliter peccare* nahe legt,

---

6   Zur Rücksichtnahme auf Klima und kalte Gegenden mahnt schon der hl. Benedikt: Regula Benedicti. Die Benediktusregel, lateinisch-deutsch. Beuron 1992, Nr. 55,1-3.

15

gehört zur Annahme „dieses Lebens" der Minderbrüder, das nicht einfach automatisch ein sicherer, in sich geschlossener Weg zum Heil ist.
Umso wichtiger ist der Umgang der Brüder mit dem Leben von Mitbrü-
dern, das von einem moralischen Versagen „tödlich" (*mortaliter*) bedroht
ist. In solcher ihre geistliche Berufung und ihre Seele betreffenden Le-
bensgefahr müssen sie so schnell als möglich und ohne Verzug zu den
Ministern Zuflucht nehmen, oder – das lateinische *re-currere* wörtlich
übersetzt – „zurücklaufen" (7,1). Diese wiederum sollen ihnen „mit
Erbarmen" (*cum misericordia*) die Lossprechung geben, was der Ausdruck „Buße auferlegen" (*iniungant illis poenitentiam*) bedeutet, und
zwar so, „wie es ihnen gemäß Gott am besten zu nützen scheint" (7,2).
Es geht dabei nicht um Vorschriften der Regel, die verletzt wurden, sondern darum, wie dem in diese Notlage geratenen Bruder am besten aus
der Misere heraus geholfen wird.

Hier werden – fast in der Mitte des Regeltextes – zwei Haltungen
eingeführt, die für das leibliche wie für das geistliche Leben unerläss-
lich, ja „lebensnotwendig" sind und als Substantive nur ein einziges Mal
in der Regel vorkommen, nämlich *misericordia* und *caritas*: Das „Erbarmen" und die „Liebe" dürfen aus keinem Grund, weder durch gerechten
Zorn noch durch verständliche Aufregung verhindert werden (7,3).

Eine andere Art von „Notlage", in die ein einzelner Bruder und der
ganze Orden kommen können und die der Realität dieses Lebens entspricht, wie sie auch Franziskus am eigenen Leib erfahren musste, ist
die Unzulänglichkeit eines Ordensoberen. Wenn der gesamten Brüderschaft scheint, dass der Generalminister „nicht geeignet ist (*non esse
sufficientem*) zum Dienst und allgemeinen Nutzen der Brüder", müssen
sie sich einen anderen wählen (8,4).

Schließlich gibt es noch die „Notlage" jener „Brüder, die wissen und
erkennen, dass sie die Regel nicht geistlich beobachten können". Für sie
gilt ähnliche Rekurspflicht wie für jene Brüder, die in Todsünde geraten
sind: „sie müssen und können zu ihren Ministern Zuflucht nehmen" (*recurrere*: 10,4). Wie die Minister den sündigen Brüdern gegenüber Barmherzigkeit und Liebe erweisen müssen, so sollen sie jene Brüder, die
hinsichtlich der Beobachtung der Regel und der *vita minorum* in eine
Krise geraten sind, „liebevoll und wohlwollend" (*caritative et benigne*)
aufnehmen und sie mit dienender Herzlichkeit umgeben (*tantam familia-
ritatem habeant circa ipsos*: 10,5). Die *familiaritas* fasst zusammen, was
im 6. Kapitel mit dem Verhalten als Hausgenossen (*domestici*), Offen-

baren der Not und mütterlicher Bruderliebe gemeint ist (6,7-8). Die *fami-liaritas* ist jene franziskanische Qualität, die am unmittelbarsten dem konkreten Leben der Minderen Brüder mit ihrer Not (*necessitas*), Schwachheit (*infirmitas*), Unzulänglichkeit (*insufficientia*) und Sünde (*peccatum*) gerecht wird.

3. Evangelium

Gleich am Anfang werden Regel und Leben der Minderbrüder definiert als „unseres Herrn Jesu Christi heiliges Evangelium beobachten durch ein Leben in Gehorsam, ohne Eigentum und in Keuschheit" (1,1). An Stelle von *evangelium* heißt es in der Nicht-bullierten Regel: *Domini nostri Jesu Christi doctrinam et vestigia sequi* (NbR 1,1). In beiden Fällen geht es um das Evangelium als Lebensnorm und Lebensform. Franziskus sieht die Regel nicht als absolute Norm, sondern als relativ im Hinblick auf das Evangelium. Die Franziskusregel weist von ihrem Selbstverständnis her ständig über sich hinaus auf das Leben nach dem Evangelium. Deshalb ist sie auch nicht so ausführlich und detailliert wie andere Ordensregeln, und wie es sich die Brüder zeitweise auch gewünscht hätten, „indem sie sich auf die Regel des seligen Benedikt, des seligen Augustinus und des seligen Bernhard beriefen, welche lehren, so und so im Orden zu leben."[7]

Hermeneutisch bedeutet dies, dass die Regel kraft eigener Autorität nicht als in sich geschlossener Text betrachtet werden will, weil sie bereits im ersten Satz (und auch im letzten dann wieder) von sich weg auf das Evangelium verweist und sich mit diesem in Theorie und Praxis (*doctrina et vestigia*) identifiziert. Wichtigstes „Ausbildungsdokument" für die Minderbrüder ist also nicht die Regel, sondern das Evangelium. Die Heilige Schrift steht vor und über den Schriften der Heiligen. Letztere aber bieten einen authentischen und (durch die Kanonisierung der Heiligen) kanonischen Schlüssel für das existentielle Verständnis der Schrift. Dies will die Franziskusregel vor allem bieten.

Was Franziskus von seinem Testament in Bezug auf die Regel sagt, kann in abgewandelter Form auch für die Regel in Bezug auf das Evan-

---

[7] Compilatio Assisiensis (oder: Sammlung von Perugia) 18,3. In: Fontes (wie Anm. 1) 1449-1690 (= Per), 1497: *ordinate vivere* bedeutet geordnet, geregelt, nach einem klaren strukturellen Rahmen leben.

gelium gelten: „Und die Brüder sollen nicht sagen: Dies ist eine andere Regel; denn dies ist eine Erinnerung, Ermunterung und Aufforderung (*recordatio, admonitio, exhortatio*) ..., dass wir die Regel, die wir dem Herrn versprochen haben, besser ... beobachten" (Test 34). Wie das Testament die persönliche und subjektive Leseanleitung des hl. Franziskus zur Regel sein will, könnte analog dazu die Regel als kollektive und objektive „Erinnerung, Ermunterung und Aufforderung" zur besseren Beobachtung des Evangeliums verstanden werden. Zu Beginn des Testamentes bekennt Franziskus, dass ihm der Herr geoffenbart hatte, er „müsse nach der Form des heiligen Evangeliums leben" (Test 14).

Das, was Franziskus einfach und mit wenigen Worten aufschreiben und vom Papst bestätigen ließ, ist ihrer inhaltlichen Identität nach dieselbe Regel, von der er am Ende wiederum schreibt: „Wie mir der Herr gegeben hat, einfältig und rein die Regel ... zu schreiben" (Test 39). In der Praxis bedeutet dies, dass die Regel nicht ohne ständigen impliziten oder expliziten Bezug zum Evangelium gelesen und gelebt werden kann. Wenn das Leben nach dem Evangelium Ziel der Regel ist, dann wird jene auch vom Evangelium her ständig Vertiefung, Erweiterung und Korrektur erfahren müssen. Die Regel scheint bestimmte Aspekte des evangelischen Lebens auszuwählen, nämlich „zu leben in Gehorsam, ohne Eigentum und in Keuschheit". Aber dies kann nicht als eine Selektion unter Ausschluss aller übrigen Weisungen und Botschaften des Evangeliums verstanden werden.[8] Die Regel verweist vielmehr als Ganze auf das ganze Evangelium, wobei die „Auswahl" der evangelischen Räte die verbindliche Wahl der unmittelbaren Nachfolge Christi bezeichnet, in dem sie einzig ihren existentiellen und theologischen Grund haben. Die Räte wollen das konkrete Nachfolgen der Fußspuren Christi (*sequi vestigia Christi*), ja die persönliche Lebenswahl Christi selbst zusammenfassen.

---

[8]   Auf die Frage der Brüder, ob sie durch die Regel auf alle Räte des Evangeliums verpflichtet seien, antwortet Gregor IX. in seinem Schreiben *Quo elongati* (28. September 1230) „Ihr seid durch die Regel nicht verpflichtet, andere Räte des Evangeliums zu halten als jene, wozu ihr euch in ihr verpflichtet habt. An die übrigen aber seid ihr gebunden wie andere Christen ..."; Text: GRUNDMANN, Herbert: Die Bulle „Quo Elongati" Papst Gregors IX. In: AFH 54 (1961) 3-25, 21; vgl. jetzt auch die dt. Übersetzung in diesem Band.

a) „Wort des heiligen Evangeliums"

Verschiedene Worte des Evangeliums kommen immer wieder in der Regel zum Durchbruch. Den Ordensanwärtern soll das „Wort des heiligen Evangeliums (*verbum sancti Evangelii*) gesagt werden, dass sie hingehen, alles Ihre verkaufen und versuchen sollen, es den Armen zu geben" (2,6: Mt 19,21). Niemand darf nach der Profess den Orden wieder verlassen, „weil gemäß dem heiligen Evangelium (*secundum sanctum Evangelium*) keiner, der die Hand an den Pflug gelegt hat und noch einmal zurückschaut, tauglich ist für das Reich Gottes" (2,13: Lk 9,62). Das Fasten wird inspiriert und geheiligt durch das Fasten Jesu in der Wüste (3,6: Mt 4,2). Der dem Franziskus geoffenbarte Friedensgruß (Test 23) entstammt unmittelbar der evangelischen Aussendungsrede und findet wörtlich Eingang in die Regel: „In welches Haus auch immer sie eintreten, sollen sie zuerst sagen: Friede diesem Hause" (3,13: Lk 10,5). „Und gemäß dem heiligen Evangelium (*secundum sanctum Evangelium*)" dürfen die Brüder von allen Speisen essen, die ihnen vorgesetzt werden (3,14: Lk 10,8).

Das 10. Kapitel schließt mit drei Jesusworten, von denen die ersten zwei der Bergpredigt (10-11: Mt 5,44 u. 10) und das letzte der Aussendungsrede entstammen (12: Mt 10,22). Sie werden von Franziskus mit der Formel „der Herr sagt" (*dicit Dominus*) als wörtliche Zitate gekennzeichnet. Die für Franziskus typische präsentische Form will offenbar die Worte Jesu Christi aktualisieren, „der das Wort des Vaters ist" und dessen Worte Geist und Leben sind (2 Gl 3).[9]

b) „Das heilige Evangelium unseres Herrn Jesus Christus"

Am Ende des 12. Kapitels schließt sich der Kreis des Evangeliums, wenn es gilt, „die Armut und Demut und das heilige Evangelium unseres Herrn Jesus Christus, was wir fest versprochen haben, zu beobachten" (12,4). Die Regel spricht also am Anfang und am Schluss vom „Evangelium". Damit ist aber nicht in erster Linie ein in sich abgeschlossener Text gemeint, wie ihn die vier Evangelien bieten, sondern das „heilige

---

[9]   Zum Beispiel: Erm 1,1. 10. 22; 3,1; 4,1; 7,1; 8,1; 9,1; vgl. dazu STADLER, Volker: „Ich kenne Christus, den Armen, den Gekreuzigten". Die Rezeption des Apostels Paulus bei Franziskus von Assisi. Mönchengladbach 2005 (Veröffentlichungen der Johannes-Duns-Skotus-Akademie für franziskanische Geistesgeschichte und Spiritualität, 20) 72-76: „Die Gegenwärtigkeit Gottes bzw. Christi in der Heiligen Schrift."

Evangelium unseres Herrn Jesus Christus" (1,1; 12,4). Dieses „heilige Evangelium" bezeichnet das gesamte Christus-Mysterium, die ganze Person und das Werk Jesu Christi.

Das Leben der Minderen Brüder wird nun darin zusammengefasst, „die Armut und Demut und das heilige Evangelium unseres Herrn Jesus Christus ... zu beobachten" (12,4). Alle drei Elemente, Armut, Demut und Evangelium beziehen sich auf die Person Jesu Christi. Es handelt sich jeweils um seine Armut, seine Demut und sein Evangelium. Es geht also nicht um Armut, Demut und Evangelium als abstrakte Größen, Ideale und Tugenden, sondern um eine personale Größe, die sich in diesem Evangelium manifestiert. Die Nicht-bullierte Regel spricht hier deutlicher von „unseres Herrn Jesu Christi Lehre und Fußspuren folgen" (NbR 1,1). Im 22. Kapitel fasst Franziskus das Minderbrüderleben so zusammen: „Wir wollen also die Worte, das Leben und die Lehre und sein heiliges Evangelium festhalten ..." (NbR 22,41). Nicht bestimmte Weisungen des Evangeliums sind zu befolgen, sondern das Leben Jesu selbst ist „festzuhalten". Denn dieses ist das eigentliche Evangelium, das Leben Jesu, ja er selbst mit allem, „was er für uns gesagt, getan und gelitten hat" (Vat 6). Das Schlüsselwort „Evangelium" leitet deshalb nicht nur an, die Regel im Licht bestimmter Evangeliumtexte zu lesen, sondern sie als Ganze christologisch zu lesen.

c) „Der Herr hat sich für uns arm gemacht"

Nicht nur Anfang und Schluss der Regel zeigen diesen christologischen Schlüssel, sondern auch ihre Mitte, die man als ihr Herzstück bezeichnen kann. Das Sich-Nichts-Aneignen, das Pilger- und Fremdling-Sein sind nicht asketische Tugendübungen, um das Ideal der Armut zu erlangen, sondern sind die konkrete Form, um „in dieser Welt dem Herrn in Armut und Demut zu dienen" (*Domino famulantes*: 6,2). Damit geht es aber um eine Beziehung, die hier mit dem schlichten Wort des Dienens ausgedrückt wird. Das Leben ohne Eigentum und feste Heimat sind nicht nur Voraussetzung, sondern bereits Umsetzung des Dienens am armen und demütigen Christus. Das immer beschämende um Almosen-Gehen, wenn der Ertrag der eigenen Arbeit nicht ausreicht (vgl. 5,3-4; Test 22), findet seine innerste Motivation darin, „dass er sich für uns in dieser Welt arm gemacht hat" (BR 6,3). Dass Franziskus sich hier der paulinischen Formel aus 2 Kor 8,9 bedient, zeigt, dass er die Armut in erster und wesentlicher

Hinsicht christologisch verstehen will. „Er, der reich war, wollte über alles mit der seligsten Jungfrau, seiner Mutter, in der Welt die Armut erwählen", begründet Franziskus – wieder mit Bezug auf das Pauluswort – das Motiv der Menschwerdung Gottes. Die Armut ist also nicht in erster Linie ein sozialer Status oder eine asketische Tugend, sondern sie ist wesentlich und ursprünglich eine freie Wahl Christi, die bereits mit seiner Menschwerdung aus Maria ihre hauptsächliche Verwirklichung fand. Weil aber Christus „sich für uns (*pro nobis*) arm gemacht hat", ist seine Armut Ausdruck seiner erlösenden Pro-Existenz, das heißt, seines stellvertretenden Leidens, das weder überboten noch ersetzt werden kann und darf.

Der unmittelbar auf diese *pro-nobis*-Formel folgende hymnische Lobpreis auf die „Armut" bezieht sich deshalb ganz klar auf diese inkarnatorische und soteriologische Armut Christi, „der sich für uns arm gemacht hat in dieser Welt: diese ist – *haec est!* – die Erhabenheit der allerhöchsten Armut, die euch, meine geliebtesten Brüder, zu Erben und Königen des Himmelreiches eingesetzt, arm an Dingen gemacht, durch Tugenden erhöht hat. Diese sei – *haec sit* – euer Anteil, der hinführt zum Land der Lebenden. Ihr – *cui* – geliebteste Brüder, hanget vollkommen an ..." (6,4-6). Die drei (hinweisenden) Fürwörter – *haec, haec, cui* – zeigen in dreifacher Eindringlichkeit auf die Armut dessen, „der sich für uns arm gemacht hat". Immer ist es die Armut Christi, welche die Brüder zu Königen eingesetzt (*instituit*), sie erst arm gemacht (*pauperes fecit*) und dann erhöht hat (*sublimavit*) und so zum Land der Lebenden hindurchführt (*perducit*). Deshalb sollen die Brüder ihr auch gänzlich anhangen, indem sie „nichts anderes um des Namens unseres Herrn Jesu Christi auf immer unter dem Himmel" haben wollen. Das „gänzliche Anhangen" (*totaliter inhaerentes*) aber ist so formuliert, dass es sich eher auf eine Person als auf eine Sache zu beziehen scheint. Die hl. Klara verwendet ein ähnliches Wort, um die enge Nachfolge Christi zu beschreiben: „Du bist eine Eiferin der heiligsten Armut geworden und hast dich im Geist großer Demut und brennendster Liebe an seine Fußspuren geheftet ..." (*eius adhaesisti vestigiis*: 2 Agn 7). Der biblische Ausdruck *ad-haerere*, den die Schrift für das bräutlich-liebende Anhangen verwendet (Gen 2,24; Mt 19,5; Eph 5,31; 1 Kor 6,16), bezieht sich durch die Fußspuren Christi auf Christus selbst, „dem du vermählt werden durftest", wie Klara weiter sagt. Ähnlich, wenn auch nicht in Bildern bräutlicher Liebe, könnte das „gänzliche Anhangen" an jene höchste Armut bedeuten, welche die persönliche Armut Christi meint, „die Armut und Demut und das heilige Evangelium unseres Herrn Jesus Christus" (BR 12,4). Es bedeutet im Tiefsten ein innerlich-dankbares Anhangen an Christus, „der für uns arm geworden ist" (6,3) und dessen Armut eben unser Anteil (*portio*) in dieser Welt ist.

Die Regel will also zu nichts anderem führen, als diesem armen und demütigen Herrn in angleichender Haltung zu dienen. Die Angleichung dient weniger der Nachahmung, um etwa so arm wie Christus zu werden, als vielmehr dem „gänzlichen Anhangen"; oder, um es mit einem anderen, diese Ganzheit ausdrückenden Wort des Heiligen zu sagen: „Behaltet darum nichts von euch für euch selbst zurück, damit euch als Ganze aufnehme, der sich euch als Ganze ausgeliefert hat" (Ord 29).

d) „Ein verkürztes Wort"

Wenn Franziskus das Kapitel über die Prediger mit der damals bekannten theologischen Formel des „abgekürzten Wortes" (*verbum abbreviatum*: 9,4) abschließt, dann ist auch damit dieser christologische Schlüssel angesprochen, mit dem sich nicht nur die Prediger, sondern alle Brüder einen Zugang zum Evangelium verschaffen können. Dies dürfte wohl auch der tiefere Sinn jener Erzählungen sein, in denen Christus die Regel als sein Eigentum bezeichnet: „Franziskus, nichts in der Regel ist von dir, sondern alles, was darin steht, ist mein" (*totum est meum quidquid est ibi*: SP 1,8; Per 17,11). Die Regel selbst stellt eine Art *verbum abbreviatum* des Evangeliums dar, wobei es aber nicht um eine textliche Kurzfassung, sondern um dessen personale Zusammenfassung in der Person des armen und demütigen Jesus geht. Eben das will das von Celano überlieferte Franziskus-Wort von der Regel als „Mark des Evangeliums" ausdrücken (*medullam Evangelii*: 2 C 208,2).

4. Geist

Eine beinahe direkte hermeneutische Anweisung, wie die Regel zu lesen sei, kann der Weisung aus dem 10. Kapitel entnommen werden: „Und wo immer Brüder sind, die wissen und erkennen sollten, dass sie die Regel nicht geistlich beobachten können, müssen und können sie zu ihren Ministern Zuflucht nehmen" (10,4). Wenn man vom negativen Kontext abstrahiert und an den Text die Frage stellt, wie die Regel im positiven Sinne zu beobachten sei, dann ergibt sich die Antwort, dass die Brüder „die Regel geistlich beobachten" (*regulam spiritualiter observare*) sollen. Das kann jedoch in diesem Zusammenhang keinesfalls heißen, die Regel sei nur „geistig" zu beobachten, so als ob *spiritualiter* einfach „weniger wirklich" bedeuten würde. Jene Brüder, die mit Sicherheit „wissen und erkennen sollten" (*scirent et cognoscerent*), dass sie die Regel nicht *spiritualiter* beobachten können, sind offensichtlich in einer wirklichen und existentiellen Notlage hinsichtlich der konkreten Befolgung der Regel. Pflicht und Recht sofortiger Zuflucht nahme zum höheren Ordensoberen (*minister*), wozu Franziskus die betreffenden Brüder auffordert, besagen, dass das „Nicht-Geistlich-Beobachten-Können" der Regel kein rein geistiges oder gar intellektuelles Problem sein kann, sondern an Wurzel und Wesen von „Regel und Leben der Minderen Brüder" rührt.

a) „Sich nicht sorgen, die Schriften zu lernen"

Der nähere Zusammenhang gibt uns einen Hinweis zum besseren Verständnis des Begriffes *spiritualiter*. Es geht um den bis heute viel diskutierten Satz: „und die von den Wissenschaften keine Kenntnis haben, sollen nicht danach trachten, Wissenschaften zu erlernen" (10,7c).

Zuvor wären hier Fragen der Edition, der Übersetzung und der Begriffe zu lösen. Das editorische Problem betrifft die Frage, wohin dieser Satz gehört, was wiederum durch die Interpunktion angegeben wird. Setzt man, wie K. Eßer und die ihm folgenden Übersetzungen es tun, nach den Worten „Verleumden und Murren" ein Komma, dann gehört das folgende: „und sie sollen nicht trachten" zu dieser Aufzählung von Lastern, vor denen sich die Brüder hüten sollen (*caveant*). Der letzte Satz von Vers 7 wird dann bei Eßer mit einem Semikolon abgeschlossen, in der Übersetzung von L. Lehmann mit einem Punkt. Dann erst beginnt der neue Vers: „Vielmehr sollen sie darauf achten ...". Da im Urtext sowohl Interpunktionen als auch Großschreibungen fehlen, liegt es immer am Herausgeber, wo und wie er diese Zeichen einsetzt. Man kann nun mit demselben Recht nach „Verleumden und Murren" einen Punkt setzen. Dann beginnt ein neuer Satz: „*Et non curent ...*", der nicht mit einem Semikolon abschließt, sondern mit einem Komma, sodass er mit dem Folgenden zusammen gehört. Das Gefüge würde dann lauten: „Und die von den Wissenschaften keine Kenntnis haben, sollen nicht danach trachten, Wissenschaften zu erlernen, sondern sollen darauf achten, dass sie über alles ...".

Die Worte „und sollen nicht danach trachten" (*et non curent*) stellen ein Bindeglied zum vorausgehenden Lasterkatalog dar. Dieser beinhaltet unter anderem die Warnung, sich zu hüten vor „der Sorge (*cura*) und dem geschäftigen Treiben dieser Welt". Im Sinne solch aufgeregter, ehrgeiziger „Sorge dieser Welt" heißt es nun: *et non curent*. Das müsste man dann etwa so übersetzen: „Und sie sollen sich nicht (ängstlich, ehrgeizig, aufgeregt) sorgen ...". Der Satz steht aber nicht mehr unter dem Verdikt „sie sollen sich hüten" (*caveant*), sondern wird durch dieses neue Verb „sie sollen sich nicht sorgen" (*non curent*) eingeleitet. Es geht nicht um Warnung oder Verbot, sondern um eine Art Entlastung. Während das einleitende „Ich warne sie aber" (*moneo vero*) sich auf das „sich hüten" (*caveant*) bezogen werden kann, führt der zweite Begriff „und ich ermuntere sie" (*et exhortor*) zum aufmunternden: „sie sollen sich nicht sorgen" (*non curent*). Franziskus ermutigt also die Brüder, sich keine Sorgen zu machen. Das ist aber eher ein Zuspruch als ein Verbot.

Der Zuspruch, sich keine ängstlichen Sorgen zu machen, bezieht sich darauf, „Wissenschaften zu erlernen", falls sie diese nicht kennen. „Wissenschaften erlernen" ist e i n e Bedeutung von *litteras discere*, aber nicht die erste, zumindest nicht jene, die Franziskus zuerst im Blick zu haben scheint. Denn in der Nicht-bullierten Regel, wo es um das Offizium geht, erlaubt er den Brüdern, die lesen können (*scientibus legere*), ein Psalterium zu haben. „Den anderen aber, die des Lesens unkundig sind (*nescientibus litteras*), soll es nicht gestattet sein, ein Buch zu haben" (NbR 3,8-9). Nach diesem Zusammenhang bedeutet *nescientes litteras* die Unkenntnis des Lesens, was natürlich auch eine Unkenntnis der lateinischen Sprache impliziert. Es geht also in erster Linie um die besorgte Frage, ob ein Minderbruder lesen können muss, um das Offizium zu beten und dadurch erst ein richtiger, vollwertiger Minderbruder zu sein. Franziskus befreit seine einfachen, ungebildeten Brüder von dieser Sorge. Das Lesenkönnen bezieht sich auf keine andere Lektüre als jene des lateinischen Stundengebets, des Psalteriums, und damit im weiteren Sinne auf das Lesenkönnen der Heiligen Schrift.

So verwendet Franziskus mit Paulus *littera* auch als Synonym für die Heilige Schrift: „Der Buchstabe (*littera*) tötet, der Geist aber macht lebendig" (Erm 7,1: 2 Kor 3,6). Franziskus hält jene für tot durch den Buchstaben (*littera*) der hl. Schrift, die allein die Worte zu wissen (*scire*) begehren; ebenso jene Ordensleute, die nicht „dem Geist des göttlichen Buchstabens folgen wollen" (*qui spiritum divinae litterae nolunt sequi*), sondern nur wieder die Worte allein zu wissen trachten. Im Lichte der 7. Ermahnung bedeutet *littera* oder *divina littera* also den „Buchstaben der hl. Schrift", und das Wissen dieses Buchstabens die Kenntnis der Schrift, das heißt die Kenntnis der Theologie. Die 7. Ermahnung kann nun zum Verständnis von BR 10,7-8 herangezogen werden. Es geht nicht um eine Ablehnung der *litterae*, der allgemeinen und der theologischen Bildung, besonders der Schriftkenntnis, sondern um die richtige Hermeneutik der Schrift. Denn gerade durch den „Geist des göttlichen Buchstabens" (*spiritu divinae litterae*), den sie durchaus wissen und begehren dürfen, können die Brüder zum (geistlichen) Leben erweckt werden, wenn sie „jeden Buchstaben" (*omnem litteram*) nicht sich selbst, sondern Gott allein zueignen und zurückgeben.[10]

b) „Den Geist des Herrn haben"

Im Satzgefüge der Verse 7b und 8a stehen *non curent – sed attendant* einander gegenüber, nicht als Gegensatz, sondern als spannungsreiche Beziehung. Die Brüder brauchen sich einerseits nicht ängstlich um die Kenntnis von Schrift und Theologie (*litterae*) zu sorgen, sondern sollen sich vielmehr nach dem Besitz des Geistes (*Spiritum Domini*) ausstrecken. Buchstabe und Geist stehen in ähnlicher Beziehung zueinander wie es die Auslegung von 2 Kor 3,6 in der 7. Ermahnung zeigt. Es geht um das grundsätzliche hermeneutische Problem des Verhältnisses von Buchstabe und Geist. Im Licht von BR 10,7-8 wird von Franziskus ganz klar die Priorität des Geistes vor dem Buchstaben ausgesprochen.

Ohne dass ein Schriftstudium diskreditiert wird, wie der Brief an Antonius zeigt, ist es in jedem Fall das Wichtigere, ja die unabdingbare Voraussetzung für jeden Minderbruder, „den Geist des Herrn und sein heiliges Wirken zu haben". Das Schriftstudium wird nur unter der Bedingung gutgeheißen, wenn dadurch der Geist des Gebetes und der Hingabe nicht ausgelöscht wird, wie es die Regel für jede Art von Arbeit verlangt (Ant 2; BR 5,2). Das Besitzen des Geistes des Herrn wird hyperbolisch formuliert: „sie sollen achten, dass sie über alles ersehnen

---

[10] Dazu ausführlich: SCHNEIDER, Johannes: „Dem Geist des Buchstabens folgen". Schriftlesung nach Admonitio VII des hl. Franziskus von Assisi. In: Domini vestigia sequi. Festschrift Giovanni BOCCALI, hg. von Cesare VAIANI. Assisi 2003, 229-269.

müssen, zu haben den Geist des Herrn" (*attendant, quod super omnia desiderare debent habere*). Vier Verben und Hilfsverben (*attendere, desiderare, debere, habere*) verbinden sich mit dem superlativischen Ausdruck „über alles" (*super omnia*). Das erweckt den Eindruck, dass es hier um eine absolute Steigerung der Regel geht, einen nicht überbietbaren Höhepunkt, ähnlich wie im 1. Korintherbrief, wo Paulus das Hohelied der Liebe als einen „noch erhabeneren Weg" einleitet (*adhuc excellentiorem viam*: 1 Kor 12,31b).

Im Kontext der Franziskus-Schriften, wie auch vom biblischen Hintergrund aus gesehen, ist es sehr naheliegend, sowohl den „Geist des Herrn" als auch den „Geist des Gebetes und der Hingabe" (5,2) personal, das heißt als die Person des Heiligen Geistes aufzufassen. Damit ist ein pneumatologischer Schlüssel der Regel gegeben, der mit dem christologischen Schlüssel untrennbar zusammenhängt. Denn das Wirken des Geistes des Herrn führt unmittelbar zu Gebet und Liebe, zur Erfüllung der Weisungen des Evangeliums, „weil der Herr sagt: Liebt eure Feinde und betet für eure Verfolger ..." (10,10). Der „Geist des Herrn" führt zu den „Worten des Herrn", das heilige Wirken des Geistes verwirklicht die Worte des Herrn. Um über den Regeltext zum Evangelium und über das Evangelium zur Person Jesu Christi zu kommen, braucht es den „Besitz" (*habere*) des Geistes des Herrn, ohne den niemand bekennen kann: „Jesus ist der Herr" (vgl. Erm 8,1; 1 Kor 12,3).

In diesem Sinne kann auch das „geistliche Beobachten der Regel" (*regulam spiritualiter observare*) verstanden werden. Wie der Buchstabe der Schrift töten kann, so kann es auch der Buchstabe der Regel. Durch den Besitz des Geistes des Herrn aber wird der Buchstabe lebendig gemacht. Deshalb sollen sich die Brüder nicht ängstlich darum sorgen, die Schrift zu studieren, weil erst der „Geist des Herrn", der auch der „Geist des göttlichen Buchstabens" (Erm 7,4) ist, die (geschriebenen) Worte des Herrn lebendig macht durch „sein heiliges Wirken". Darum darf durch keine noch so gute, auch geistige Arbeit, wie das Lehren und Lernen der Schrift, der „Geist des Gebetes und der Hingabe" (BR 5,2; Ant) ausgelöscht werden, weil er den Buchstaben des Wissens und die Mühe des Wirkens erst lebendig macht.

c) „Durch göttliche Eingebung"

Vom pneumatologischen Ansatz des *spiritualiter observare* aus kann die ganze Regel betrachtet und die subtile Gegenwart des Geistes des Herrn in ihr entziffert werden. Geht man vom letzten Regelkapitel aus, dann ist dort von Brüdern die Rede, die „durch göttliche Eingebung unter die Sarazenen gehen wollen" (*divina inspiratione*: 12,1). Diese göttliche Einhauchung, die als *in-spiratio* ein Wirken des Geistes ist, bewirkt, dass Brüder überhaupt bewegt, das heißt inspiriert werden, in die Mission zu gehen. Das Wirken des Geistes zeigt sich zuallererst im freien Wollen der Brüder, das durch den Geist ermöglicht wird: „Wo der Geist des Herrn ist, dort ist Freiheit" (2 Kor 3,17). So kann man die Regel „geistlich lesen", indem man sorgfältig die Elemente geistlicher Freiheit entziffert. Geistlicher Freiheit entspringt also der Wille, in die Heidenmission zu gehen. Kein Bruder kann dazu kraft der Regel gezwungen werden, obwohl sie trotz ihrer Kürze ein Kapitel der Mission widmet.

Geistlicher Freiheit entspringt nach der Nicht-bullierten Regel überhaupt der Wunsch, dass jemand das Leben der Minderbrüder wählt: „Wenn wer durch göttliche Eingebung dieses Leben annehmen will ..." (*divina inspiratione volens*: NbR 2,1). Wenn auch der Ausdruck „göttliche Eingebung" (*divina inspiratio*) in der Bullierten Regel nicht mehr am Anfang der Berufung zum Minderbruder steht, so scheint doch das Wirken des Geistes im „Wollen" der Eintretenden verborgen zu sein: „Von denen, die dieses Leben annehmen wollen ..." (*volunt*). „Wenn welche dieses Leben annehmen wollen ..." (*voluerint*: 2,1). Diese können aber nur aufgenommen werden, wenn sie am katholischen Glauben bis zum Ende treu festhalten wollen (*voluerint*: 2,3). Falls sie ihre Habe nicht unter die Armen verteilen können, „genügt ihnen der gute Wille" (*sufficit eis bona voluntas*: 2,6). Das ist ein wichtiger Grundsatz geistlicher Freiheit, der wohl auch auf andere Bereiche angewendet werden kann, vor allem im Zusammenhang mit der menschlichen Not (*necessitas*). Jedenfalls sollen die Kandidaten „frei mit ihren Gütern verfahren, wie es ihnen der Herr eingeben wird" (*libere ... quidquid Dominus inspiraverit eis*: 2,7). Aber auch die Entscheidung, das Ordenskleid zu verändern, entspringt geistlicher Freiheit, wenn „den Ministern einmal etwas anderes vor Gott angemessen erscheinen sollte" (*secundum Deum*: 2,9). Jene Brüder können einen zweiten Habit tragen, „die ihn haben wollen" (*qui voluerint habere*: 2,15). Geistliche Freiheit und leibliche Not (*necessitas*) stehen in einem reziproken Verhältnis zueinander: „Und die durch Not gezwungen sind, können Schuhwerk tragen" (*possint*: 2,15). Die von der Regel vorgeschriebene dürftige und billige Kleidung „können sie (*possint*) mit Sackstoffen und anderen Tuchstücken unterlegen", und zwar nicht mit schlechtem Gewissen, sondern ausdrücklich „mit dem Segen Gottes" (*cum benedictione Dei*: 2,16).

Besondere geistliche Freiheit betont die Regel bezüglich des zusätzlichen Fastens: Jene, die das Fasten, „das der Herr mit seinem eigenen Fasten konsekriert hat, freiwillig halten, seien vom Herrn gesegnet, und jene, die es nicht wollen, seien nicht verpflichtet" (*qui voluntarie eam ieiunant benedicti sint a Domino, et qui nolunt non sint astricti*: 3,6). Und gemäß der Freiheit, die das Evangelium bietet, dürfen sie von allem essen, was ihnen vorgesetzt wird (*liceat manducare*: 3,14). Jeder Art von Not- und Zwangslage (*necessitas, infirmitas*) muss mit Entscheidungen aus geistlicher Freiheit begegnet werden. Diese Freiheit aber, will sie wirklich geistlich sein, muss sich am Geist Gottes orientieren, wie z. B. die Minister im Umgang mit sündigen Brüdern so entscheiden sollen, „wie es ihnen gemäß Gott besser zu nützen scheint" (*sicut eis secundum Deum melius videbitur expedire*: 7,2). Explizit geistlichen Charakter nimmt diese Freiheit bei konkreter Bezugnahme auf Gott an: „was immer der Herr ihnen eingeben wird" (*quidquid Dominus inspiraverit eis*: 2,7); „gemäß Gott" (*secundum Deum*: 2,10; 7,2); „mit dem Segen Gottes" (*cum benedictione Dei*: 2,16; 3,6); „im Herrn Jesus Christus" (*in Domino Jesu Christo*: 3,10; 8,4; 10,7); „wie es Knechten Gottes gebührt" (*sicut decet servos Dei*: 5,4).

So können die Begriffe des Wollens oder Nicht-Wollens, Dürfens und Könnens sowie die vielen hortativischen Formen als Ausdruck geistlicher Freiheit gelesen werden. Diese feinen Nuancen menschlicher Freiheit im Hören auf das Wort des Evangeliums und den Geist Gottes bieten die Möglichkeit, nach dem Willen des hl. Franziskus „die Regel geistlich zu beobachten – *regulam spiritualiter observare*".

5. Kirche

Ein fünftes Element des hermeneutischen Schlüssels zur Regel ist das, was ihr den Namen „Bullierte Regel" verleiht. Im Unterschied zu den meisten anderen Schriften des hl. Franziskus ist die handschriftliche Überlieferung der Bullierten Regel sehr einfach. Im Reliquienmuseum des Sacro Convento in Assisi wird das Original der Bullierten Regel aufbewahrt, ein großes, gut erhaltenes Pergament mit gestochener Schrift.

Das päpstliche Dokument beginnt in schönen Initialen mit dem Namen des Papstes: „Honorius, Bischof, Diener der Diener Gottes, den geliebten Söhnen, Bruder Franziskus und den anderen Brüdern vom Orden der Minderen Brüder ...", und endet mit der genauen Angabe von Ausstellungsdatum und -ort: „Gegeben im Lateran am 29. November im 8. Jahr unseres Pontifikats" (1223). Dazwischen ist mit derselben Schrift der Text der Regel eingefügt, die folgendermaßen eingeleitet wird: „Wir bestätigen euch kraft apostolischer Vollmacht die Regel eures Ordens, die von Papst Innozenz, Unserem Vorgänger seligen Angedenkens, gutgeheißen wurde und in vorliegendem Schreiben festgehalten ist, und bekräftigen sie durch den Schutz gegenwärtigen Schreibens. Sie lautet wie folgt: Im Namen des Herrn. Es beginnt das Leben der Minderen Brüder ...".

Prolog und Epilog zur Regel sind nicht nur die päpstliche Bestätigung der Regel, sondern bilden zusammen mit dieser ein einziges kirchliches Dokument, das mit dem päpstlichen Siegel versehen ist (*bulla*) und deshalb „Bulle" heißt. Der Text der Franziskusregel ist also Bestandteil eines päpstlichen Schreibens, dessen Namen und Siegel es trägt. In welchem Verhältnis immer dann die Regel zu Papst und Kirche ausgelegt werden wird (es wird im Laufe der Ordensgeschichte zu vielen Konflikten kommen), sie kann nicht von diesem Kontext abstrahiert werden.

a) „Gehorsam dem Herrn Papst Honorius"

„Bruder Franziskus verspricht Gehorsam und Ehrfurcht dem Herrn Papst Honorius und seinen rechtmäßigen Nachfolgern sowie der Römischen Kirche" (1,2). Die erste Anwendung des evangelischen Lebens „in Gehorsam" regelt die Beziehung zwischen zwei kirchlichen Personen, dem „Bruder Franziskus" und dem „Herrn Papst Honorius". Franziskus trifft die Grundentscheidung, dass sich die Beobachtung des Evangeliums Christi als Kern der Regel in einem personalen Gehorsamsverhältnis mit dem jeweiligen Papst vollziehen muss. An dieses Grundbekenntnis erinnert er im Testament: „Der Allerhöchste selbst hat mir geoffenbart, dass ich nach der Form des heiligen Evangeliums leben müsse ... und der Herr Papst hat es mir bestätigt" (Test 14-15). Die charismatische, persönlich an ihn ergangene Offenbarung (*revelavit*) der evangelischen Lebensweise durch Christus selbst und die institutionelle, ihm ebenfalls persönlich gegebene Bestätigung (*confirmavit*) von Seiten des Papstes sind für Franziskus eine im Glauben erfahrene Einheit. Gerade weil dieses Zueinander von Evangelium und Kirche, Christus und Papst oft nicht gegeben zu sein scheint, will es Franziskus als Grundoption seiner Bruderschaft in der Regel verankern. Bei Franziskus ist Gehorsam keine abstrakte Tugend, sondern die konkrete Beziehung zwischen Personen in Achtung, Liebe und Hingabe (vgl. Erm 3). Da sich in der Geschichte des Minderbrüderordens die Beziehung zum Papst zuweilen ins Gegenteil der ursprünglichen Intention verkehrte – man denke an den Armutsstreit mit Johannes XXII. und Bonifaz VIII. –, beweist dies auch im schlimmsten Fall, dass für die franziskanische Bruderschaft die Beziehung zu Papst und Kirche nie belanglos werden kann. Wenn Franziskus zuerst Papst Innozenz III., dann Honorius III. und dessen Nachfolgern persönlich Gehorsam versprach, war er realistisch genug, um zu wissen, dass er damit auch persönlichen und institutionellen Konflikten entgegengehen würde. Die an den Gehorsam angefügte „Ehrfurcht" (*reverentia*) will deshalb den Ton angeben, mit dem unvermeidliche Konflikte zwischen franziskanischer Bruderschaft und Kirche ausgehalten und ausgetragen werden müssen.

Die im Testament bezeugte Erfahrung des Zueinanders von evangelischer Inspiration und päpstlicher Bestätigung spiegelt sich etwa in der Frage des Ordenaustrittes wieder, in dem Franziskus das Papstgebot[11] mit dem Herrenwort – das sich übrigens nicht im Papstschreiben findet – zu einer doppelten Begründung verknüpft: „gemäß dem Gebot des Herrn Papstes, weil nach dem heiligen Evangelium – *secundum mandatum domini papae, quia iuxta sanctum Evangelium ...*" (BR 2,12-13). Franziskus lässt die Adverben *secundum*, welches auf das Schreiben Honorius' III. weist, und *iuxta*, mit dem das Evangelium nach Lukas zitiert wird (Lk 9,62), nahtlos ineinander übergreifen und bringt damit das Umgekehrte wie im Testament zum Ausdruck, nämlich dass hier das Papstwort durch das Evangelium bestätigt wird.

Die einzige in der Regel vorgeschriebene Gebetsform ist, dass „die Kleriker das Göttliche Offizium nach der Ordnung der heiligen Römischen Kirche verrichten sollen" (BR 3,1). Dies ist nicht nur aus praktischen Gründen geschehen. Franziskus will sich vielmehr mit seiner Bruderschaft dem Stundengebet des Papstes mit seinen Klerikern in der päpstlichen Kapelle des Laterans anschließen. Nicht nur in Einzelfällen ist „entsprechend dem Auftrag" (*secundum mandatum*) des Papstes zu han-

---

[11] Honorius III., Cum secundum consilium (22. September 1220). In: BF I, 6.

deln, sondern auch das geistliche Leben der Bruderschaft soll sich „entsprechend der Ordnung der heiligen Römischen Kirche" (*secundum ordinem s. Romanae Ecclesiae*) gestalten.

b) „Katholischer Glaube und Sakramente der Kirche"

Der Gehorsam gegenüber der „Römischen Kirche" als Ganzer konkretisiert sich in den Aufnahmebedingungen für jene, die das Leben der Minderbrüder annehmen wollen. Die Minister müssen sie zuerst „sorgfältig über den katholischen Glauben und die Sakramente der Kirche prüfen. Und wenn sie dies alles glauben und es auch gläubig bekennen und bis zum Ende fest beobachten wollen, ... sollen sie ihnen das Wort des heiligen Evangeliums sagen" (2,2-3.5). Die Reihenfolge gibt zu denken: Nicht das Wort des Evangeliums von der Nachfolge Christi steht am Anfang, sondern der Glaube und die Sakramente der Kirche.

Im Testament bekennt Franziskus, der Herr habe ihm „solchen Glauben in den Kirchen" (*talem fidem in ecclesiis*) gegeben, dass er in ihnen Christus anbeten konnte. Danach gab ihm der Herr „einen so großen Glauben zu den Priestern" (*tantam fidem in sacerdotibus*), die nach der Form der Römischen Kirche leben, nicht aufgrund ihrer oft vermissten persönlichen Heiligkeit, sondern „wegen ihrer Weihe" (*propter ordinem ipsorum*), dass er „zu ihnen Zuflucht nehmen will" (*recurrere ad ipsos*). Dies tut er deshalb, weil sie allein die „heiligsten Mysterien", Leib und Blut Christi gegenwärtig setzen und darreichen (Test 4-10). In diesem ersten Abschnitt des Testaments, in dem Franziskus seine Berufung als von Gott empfangene Gabe beschreibt, spricht er vom „Glauben" (*fides*), der sich auf die „Mysterien" (*mysteria*) der sakramentalen Gegenwart Christi bezieht. Er glaubt diese Gegenwart in den Kirchen, in denen die Priester Leib und Blut Christi gegenwärtig setzen. Weil man außer in diesen Gestalten „in dieser Welt nichts leiblicherweise von ihm, dem Allerhöchsten" sieht, will er diese heiligsten Mysterien (Sakramente) über alles verehrt wissen. Deshalb erkennt er auch in den Priestern, weil sie – auch wenn sie persönlich Sünder sind – diese sakramentalen Zeichen gegenwärtig setzen, die Gegenwart Christi: *Filium Dei discerno in ipsis* – „Gottes Sohn unterscheide ich ihnen" (Test 9). Aufgrund dieser Gegenwart in ihnen („wegen ihrer Weihe") will er von ihnen als den einzig zum Binden und Lösen Bevollmächtigten die Lossprechung erhalten (vgl. NbR 20,4). Franziskus spricht hier also drei miteinander verwobene Sakramente an: die Eucharistie, das Priestertum und die Beichte.[12] Auf dem Hintergrund des Testaments betrifft nun die Prüfung über Glaube und Sakramente der Kirche nicht nur die katholische Rechtgläubigkeit, sondern vor allem die existentielle und spirituelle Grundlage des Lebens der Minderbrüder.

Während Eucharistieempfang und Beichtpflicht gemäß den Verordnungen des 4. Laterankonzils in die Nicht-bullierte Regel Eingang fanden (NbR 20), scheint die Eucharistie in der Bullierten Regel nur indirekt in der Pflicht der Kleriker angedeutet, „das Göttliche Offizium nach der Ordnung der heiligen Römischen Kirche" zu verrichten, falls zum *divinum officium* auch die Messe dazu gerechnet wird (BR 3,1). Die Beichte hingegen wird von ihrer pastoralen und spirituellen Bedeutung her ausdrücklich im VII. Kapitel angesprochen: „Über die Buße, die sündigen Brüdern auferlegt werden soll." Diese sind verpflichtet, zu den Ministern „Zuflucht zu nehmen" (*recurrere*). Jene, „wenn sie Priester sind, sollen ihnen mit Erbarmen eine Buße auferlegen", oder diese „durch andere Priester des Ordens auferlegen lassen, wie es ihnen gemäß Gott besser zu nützen scheint" (7,1-2). Die Zufluchtnahme bei schwerer Sünde eines Bruders, die mit der sakramentalen Absolution endet, gehört zum Herzstück der Regel. Während das Armutskapitel mit der Not schließt, welche die Brüder einander offenbaren sollen, um ihr mit mütterlicher Liebe zu begegnen (6,8), nimmt sich das folgende Kapitel der geistlichen, „lebensgefährlichen" Not der schweren Sünde an. Das einzige Mal in der Regel ist hier mit zwei verschiedenen Begriffen von Priestern (*presbyteri, sacerdotes*) die Rede, und zwar im Hinblick auf das Sakrament der Lossprechung (*iniungant illis poenitentiam*).[13] Im Zusammenhang mit dieser findet sich ebenfalls das einzige Mal das Wort „Erbarmen" (*misericordia*). Das sakramentale Priestertum als Dienst der Barmherzigkeit an Brüdern, die in todbringender Sündennot zum Minister oder dessen priesterlichem Stellvertreter „zurücklaufen", steht an zentraler Stelle in Leben und Regel der Minderbrüder. Es wird dort relevant, wo Brüder „wissen und erkennen sollten, dass sie die Regel nicht geistlich beobachten können," und

---

[12] Zur dieser Bedeutung von *recurrere* bei Franziskus s. HOLTER, Bernhard: „Zum besonderen Dienst bestellt". Die Sicht des Priesteramtes bei Franz von Assisi und die Spuren seines Diakonats in den „Opuscula". Werl/Westf. 1992 (Franziskanische Forschungen, 36) 229f.

[13] HOLTER, Dienst (wie Anm. 12) 224: „'iniungere poenitentiam' bedeutet in der damaligen Terminologie nichts anderes als 'das Bußsakrament spenden'."

deshalb verpflichtet und berechtigt sind, zu ihren Ministern „zurückzu-
laufen" (*recurrere*: 10,4).

c) „Den Füßen der heiligen Kirche unterworfen"

Weil mit dem Wachstum der Kirche und des Ordens die persönliche Beziehung zum Papst immer weniger möglich wurde, befiehlt Franziskus
den Ministern, „dass sie sich vom Herrn Papst einen von den Kardinälen
der Römischen Kirche erbitten sollen, der der Lenker, Beschützer und
Verbesserer dieser Bruderschaft sei" (BR 12,3). Im Kardinal sieht Franziskus den persönlichen Stellvertreter des Papstes, der – zumindest seinen
Titeln nach (*gubernator, protector et corrector*) – der eigentliche Lenker
und Obere der Bruderschaft ist. Ziel dieser engen Bindung ist, „immer
den Füßen dieser heiligen Kirche untergeben und unterworfen, feststе-
hend im katholischen Glauben" Christi Armut, Demut und Evangelium zu
beobachten (12,4). Den Füßen dieser Kirche „untergeben und unterworfen" (*subditi et subiecti*) steht im Zusammenhang mit dem Beobachten
der „Armut und Demut" (*paupertatem et humilitatem*) Christi. Franziskus
sieht darin wieder jene zwei ineinander greifenden Wirklichkeiten von
Papst und Christus, Kirche und Evangelium, Institution und Inspiration.
Auch Papst und Kardinäle gehören zu jenen Priestern, die Franziskus
zuweilen als „armselige Priester dieser Weltzeit" (*pauperculos sacerdotes
huius saeculi*: Test 7) vorfindet, deren Weisheit ihm vielleicht nicht immer größer als die seine zu sein scheint, die ihn nicht immer verstehen,
sondern in manchen ihrer Vertreter sogar verfolgen und an der Verwirklichung seiner vom Herrn geoffenbarten Form des Evangeliums hindern
werden. Aber es gehört zu seinem Urcharisma, dass ihm derselbe Herr
„so großen Glauben in jene Priester, die nach der Form der heiligen Römischen Kirche leben, gab und gibt" (Test 6), dass er immer wieder zu
ihnen „zurücklaufen" wird. Die Armut und Demut Christi erkennt Franziskus im Akt der Ergebung und Unterwerfung unter die Füße dieser Kirche.
In ihren amtlichen Vertretern, Priestern, Bischöfen, Kardinälen und im
Papst, will er die Sünde nicht sehen (obwohl er sie tatsächlich sieht!), weil
er in ihnen den Sohn Gottes unterscheidet (Test 9). Dieses Erblicken
Christi in der konkreten Kirche wird zum Erblicken der Armut und Demut Christi, der sich selbst in den Sakramenten – besonders in Priestertum, Eucharistie und Buße – dieser Kirche untergeben und unterworfen
hat und dies immer wieder neu tut. Wie Franziskus in der vom Einsturz
bedrohten Kirche von San Damiano äußerlich und innerlich die Gegen-

wart Christi wahrnimmt, der ihm den Auftrag gibt, sein Haus wieder auf-
zubauen (Gef 13),[14] so nimmt er ihn durch den ihm geschenkten Glauben
in allen Kirchen der Welt wahr, auch in der sakramentalen Institution der
„heiligen Römischen Kirche". Das Feststehen im katholischen Glauben
(*stabiles in fide catholica*) – im Glauben an die sakramentale Verfasstheit
der Kirche – führt zum Beobachten von Armut und Demut Christi, der
sich in diese Kirche dreingibt und sich ihr unterwirft.

Dieses fünfte Element des hermeneutischen Schlüssels zur Regel ließe
sich „ekklesiale" Leseweise der Regel nennen. Sie meint gerade nicht
eine ausschließlich „kanonistische" Lektüre – obwohl diese in der Geschichte oft genug praktiziert wurde –, sondern die „sakramentale" Betrachtung von „Leben und Regel der Minderen Brüder". Dies bedeutet,
der Armut und Demut Christi zu folgen, „der sich für uns in dieser Welt
arm gemacht hat" (BR 6,3), indem er aus Maria „das wirkliche Fleisch
unserer Menschlichkeit und Zerbrechlichkeit angenommen hat" (2 Gl 4),
um uns dieses Fleisch „unter der bescheidenen Formel des Brotes" zu-
rückzugeben (Ord 27). Vielleicht ist deshalb das, was Franziskus von der
Regel träumte, mehr als nur ein Traumbild: „Franziskus, forme aus all
den Brosamen eine Hostie und reiche sie denen zum Essen, die sie essen
wollen!", und dann die Deutung empfing, die Brosamen seien das Evangelium, die Hostie aber die Regel (*hostia Regula*: 2 C 209).

---

[14] Text in: Die Dreigefährtenlegende des heiligen Franziskus von Assisi von Bruder
Leo, Rufin und Angelus. Einführung, Übersetzung, Anmerkungen von Engelbert
GRAU, und Anonymus Perusinus. Übersetzung von Hanspeter BETSCHART. Werl/
Westf. 1993 (FQS, 8) 27-182; Fontes (wie Anm. 1) 1373-1445 (= Gef).

El carisma de Francisco de Asís

Regelkommentar von Julio Micó ofmcap,[1]
aus dem Spanischen zusammengefasst
von Benedikt Mertens ofm

Die Bullierte Regel war stets ein wichtiger Bezugspunkt für die Weitergabe des franziskanischen Charismas in allen franziskanischen Gemeinschaften durch die Jahrhunderte. Transportiert dieses Dokument jedoch tatsächlich unverfälscht und treu die „Form des Hl. Evangeliums"? Dieser Fragestellung will der Autor mit seinem Regelkommentar nachgehen.

Verschiedene Redaktionen der Regel

Für Franziskus ist die Regel stets eine und dieselbe, da ja auch das Evangelium eines und dasselbe ist. Die Regel ist der literarische Ausdruck der evangelischen Lebensform. Damit die Regel stets treuer Ausdruck der tatsächlichen Erfahrung bleibt, kommen die Brüder bei den Kapiteln zusammen, um den Regeltext zu revidieren. Die Regel bleibt jedoch stets die einzige Form der Antwort auf den evangelischen Ruf, wenn auch in verschiedenen Situationen.

Die primitive oder Proto-Regel

Mit dem Propositum (Proto-Regel) erklärt Franziskus der römischen Kurie sein Vorhaben des evangelischen Lebens (vgl. 1 C 32). Es geht nicht primär um einen juridischen Text, sondern um das evangelische Leben einer missionarischen, wenn auch vorwiegend laikalen Gruppe. Franziskus hat dabei das Glück, dem Papsttum in einer den neuen kirchlichen Gruppen sehr gewogenen Phase zu begegnen (1210). Man solle jedoch nicht meinen, Papst Innozenz III. habe zu diesem Zeitpunkt bereits diese Pönitenten aus Assisi in sein Kalkül gezogen. Der Text der

---

[1] Julio Micó ofmcap: El carisma de Francisco de Asís. Comentario a la Regla bulada de 1223. In: Selecciones de Franciscanismo 75 (1996) 376-404; 77 (1997) 226-241; 78 (1997) 453-473; 79 (1998) 22-38; 80 (1998) 211-226; 81 (1998) 379-400; 82 (1999) 93-112.

Proto-Regel selbst ist nicht auf uns gekommen. Der Italiener Quaglia nimmt an, das Propositum habe in keiner schriftlichen Form existiert. Andere meinen, es sei in die NbR integriert worden. Ein Indiz wäre, dass sich Franziskus in diesem Text noch auf Innozenz III. beruft, der ja bereits im Juli 1216 starb. Der ursprüngliche Text ergäbe sich also mehr oder weniger durch die Streichung eindeutig späterer Kapitelsentscheide sowie von Brüder-Beiträgen (Schriftzitate) oder päpstlichen Interventionen (*Cum secundum consilium*) etc.

Die Regel von 1221 (NbR)

Diese Regel versteht sich also als progressive Erweiterung des Propositum von 1210. Ein solches Vorgehen wird von den Beobachtungen Jakobs von Vitry bestätigt (vgl. auch 2 C 128). Auslöser für die Überarbeitung von 1221 war die Krise, in die die junge Gemeinschaft während der Abwesenheit von Franziskus im Heiligen Land geraten war. Die Minister und Gelehrten drängten auf klarere Kompetenzzuweisungen, einen juridischeren Zuschnitt und die Milderung einiger Radikalismen (vgl. Per 102[2] und Jord 11). Trotzdem war das Ergebnis weniger ein Gesetzestext als vielmehr das lebendige Zeugnis einer Gemeinschaft von Itineranten, die aus „Brüdern die predigen, beten, arbeiten, sowohl Klerikern wie Laien" (NbR 17,5) zusammengesetzt war. Der Text strahlt so insgesamt die Frische und evangelische Begeisterung der Bruderschaft genau jener Zeit aus, trotz der sich abzeichnenden Spannungen und auseinanderstrebenden Tendenzen im Orden.

Die Bullierte Regel von 1223 (BR)

Die Entwicklung der Regel zwischen 1221 und 1223 ist nicht einheitlich bezeugt. Das von Franziskus auf La Verna unter Mithilfe der Brüder Leo und Bonizo 1222/23 abgefasste Schriftstück scheint nicht identisch zu sein mit dem späteren bullierten Text. Vielmehr sind in diese definitive

---

[2] Zitiert nach „Compilatio Assisiensis" dagli Scritti di la fra Leone e Compagni su S. Francesco d'Assisi. Dal Ms. 1046 di Perugia. II edizione integrale riveduta e corretta con versione italiana a fronte e varianti a cura di Marino BIGARONI, Assisi 1992 (Pubblicazioni della biblioteca francescana, Chiesa nuova - Assisi, 2) (= Per).

Fassung auch noch die Weisungen Hugolinos und des Kapitels von 1223 eingegangen. Vielleicht führte dieser etappenweise Übergang zur Legendenbildung von der kürzeren, durch das Verschulden Elias „verlorengegangenen" Regel.

Der Inhalt der Bullierten Regel fasst die Regel von 1221 zusammen. Fast alle biblischen Zitate sind verschwunden, ebenso die langen Ermahnungen. Der juridische Stil, dem Franziskus eigenen Denken wohl unzugänglich, kontrastiert mit dem ursprünglichen Elan des Textes. Trotz des qualitativen Sprungs von der ursprünglichen Erfahrung zum kirchlich approbierten Weltorden enthält die endgültige Regel genügend Elemente, die das franziskanische Charisma und dessen fundamentale Prinzipien erklären und für die geänderte Situation auslegen.

Die Regelerklärungen

Nochmals: Die Dynamik der evangelischen Lebensform verbot es Franziskus, dieselbe ein für allemal festzuschreiben; und war auch die BR eigentlich unantastbar, so schien er selber das manchmal zu vergessen (vgl. 2 C 193). Trotzdem engagiert sich Franziskus stets für die absolute Einhaltung der BR (vgl. Test 38) als ein Ausdruck seines Charismas, so wie es von der Kirche bestätigt worden war – ein unvollständiger, aber doch zureichender Ausdruck der Form des Heiligen Evangeliums.

Kaum war Franziskus gestorben, wurde die Tendenz der juridischen Interpretation der Regel bestimmend und, wie wir wissen, durch den Gang nach Rom zu Papst Gregor IX. 1230 normiert. Aber auch die Reaktion der eifernden Brüder ist bekannt, die sich vehement gegen die Abwertung des Testaments als nicht verbindlichen Text zur Wehr setzten. Der Weg war jedoch gebahnt, eine Tradition geschaffen. Die folgenden päpstlichen Regelerklärungen wie auch jene von privater Hand versuchten, die Regel einem Orden verständlich zu machen, der, vom juridischen Standpunkt aus, nach der Erfüllung und Erfüllbarkeit der Regelbestimmungen fragte (siehe die Arbeiten der vier Magister sowie Hugo von Digne, Bonaventura, Peckham, Angelo Clareno, Olivi etc). Immerhin zeugt diese Fülle von Regelkommentaren von einem starken Interesse am rechten Regelverständnis und ihrer Befolgung, wenn auch unter den genannten Prämissen. Die Form der vorwiegend unter juridischen Gesichtspunkten untersuchten Regel sollte übrigens *grosso modo* bis in die 50er Jahre des letzten Jahrhunderts fortdauern! Erst das deutsche Regelwerkbuch (1955) sowie die historisch-spirituelle Auslegung durch Kajetan Eßer sollten hier einen Durchbruch schaffen. Auf dieser Linie befinden sich die wenigen umfassenden Regelerklärungen seither (Matanic, Ghinato, Garrido, Lopez, Racca) sowie verschiedene Einzelstudien.

Der folgende Regelkommentar hält sich an die traditionelle Unterteilung in Kapitel und deren Titel, wenn es historisch auch nicht eindeutig ist, wem diese Einteilung zuzuschreiben ist.

I. Im Namen des Herrn! Es beginnt die Lebensweise der Minderen Brüder

1. Regel und Leben der Minderen Brüder ist dieses, nämlich unseres Herrn Jesu Christi heiliges Evangelium zu beobachten durch ein Leben in Gehorsam, ohne Eigentum und in Keuschheit.

a) Regel und Leben

Jede Ordensregel ist zunächst Zeugnis eines Lebens, das sich mitgeteilt und Kreise gezogen hat. Die Regel als Norm und Projekt auf Zukunft hin muss immer zusammen gelesen werden mit den Viten derer, die am Beginn dieser Regel gestanden haben. Es zeichnet die hochmittelalterlichen Ordensregeln aus, dass sie weniger detaillierte Angaben zum Tagesablauf machen, sondern die großen Linien eines evangelischen Lebens in Mobilität aufzeichnen. Für Franziskus ist die Regel die sich schriftlich kristallisierende Beschreibung der Erfahrung mit dem Evangelium in einem konkreten Kontext. Regel, Leben und Evangelium sind für ihn „Schichten" ein und derselben Realität: die Entdeckung des Geheimnisses Gottes übersetzt ins Leben und schriftlich niedergelegt in der Regel.

Der Terminus *regula* wird erst spät in den Franziskusschriften bestimmend; er selbst scheint *vita* zu bevorzugen. Celano gebraucht beide Ausdrücke synonym (1 C 32). Der Terminus *vita* bezeugt den engen Zusammenhang zwischen der Regel und der vorgängigen Lebenspraxis. Die *vita* als evangelisches Leben ist stets offen für neue Konkretisierungen unter der Führung des Heiligen Geistes. Die BR mag da wie ein Abbrechen dieses dynamischen Prozesses erscheinen. In Zukunft werden die Konstitutionen und nicht mehr die Regel Instanz der jeweiligen Angleichung des Charismas von Franziskus an den geänderten Ist-Zustand sein.

Abgesehen von der Klararegel ist die BR die letzte approbierte Ordensregel überhaupt, und das trotz des entsprechenden Verbotes des IV. Laterankonzils (1215). Die Regel macht aus den Minderbrüdern einen anerkannten kirchlichen Orden.

b) Minderbrüder

Dieser Titel ist vom Inhalt her zutiefst evangelisch, wenn auch seine Formulierung wohl von den sozialen Gegebenheiten der Zeit (Ablösung der Feudalordnung; stärkeres Gewicht der kirchlichen Laien) geprägt ist. So erinnert *fraternitas* an die laikalen Pönitentengruppen, der Ausdruck *minores* dagegen an die Identifizierung mit gesellschaftlich Randständigen (also nicht an die konkreten Minores in Assisi, im Gegensatz zu den Maiores). Diese Selbstbezeichnung, die auch 1216 bei Jakob von Vitry bezeugt ist, muss jedoch nicht bis in die Anfänge der Bruderschaft zurückgehen: in den ersten sechs Kapiteln der NbR ist sie abwesend!

Vielleicht mehr noch als Bruderschaft und Armut ist die Minorität sozusagen das unterscheidende Markenzeichen der jungen Bewegung. Darin drückt sich die Überzeugung aus, dass sich der Christ dadurch verwirklicht, dass er Gott und den Menschen dient. Das Mindersein ist die Perspektive, von der aus man Gott in Jesus Christus erfährt und zugleich, im Spiegel des dienenden Jesus, seine eigene menschliche Realität wahrnimmt.

c) Das Evangelium unseres Herrn Jesu Christi

Die Biografen haben lang und breit die grundsätzliche evangelische Option des Franziskus (vgl. Test 14f.) dargelegt, die ihre Vorläufer im radikalen Evangelismus der (französischen) Wanderprediger hatte. Gemeinsam war ihnen das Ansinnen, mit den Forderungen des Evangeliums Ernst zu machen und es als einzige Richtschnur anzuerkennen, wenn auch nicht alle Gruppen dieses Vorhaben innerhalb der Kirche und mit deren Anerkennung verwirklichen konnten.

Mit dem ersten Satz der Regel ist das Projekt vorgestellt. Alles weitere kann lediglich das eingangs Gesagte verdeutlichen und konkretisieren und dazu auffordern, „die Worte, das Leben und die Lehre des Hl. Evangeliums" zu befolgen. Auch das Ende der Regel mit der Unterstellung unter den kirchenamtlichen Schutz verfolgt genau denselben Zweck.

Dieses evangelische Projekt zieht Kreise; Franziskus kann auch den Armen Schwestern sowie den bußwilligen Laien nichts anderes sagen, als das Evangelium zur absoluten Norm ihres Lebens zu machen. Kein Wunder, dass die Biografen Franziskus als den „evangelischen Menschen" schlechthin beschreiben (bes. Jord und 1 C). Freilich, jede Realisierung des Evangeliums unter den Vorgaben von Zeit und Raum ist konditioniert und durch die je eigene Schwäche beeinträchtigt. Trotzdem lebte Franziskus die grundsätzliche Vision von der Dringlichkeit des Gottesreiches und wurde damit zu einem wichtigen Gestalter nicht nur der Kirche, sondern auch der mittelalterlichen Welt.

Das franziskanische Ansinnen findet sich besonders im missionarischen Impuls des Evangeliums wieder, so wie er in der Aussendung der Jünger und entsprechend in der NbR seinen Niederschlag findet (NbR 14,1). Bezeichnenderweise findet sich der Passus im entsprechenden dritten Kapitel der BR stark verkürzt.

d) Im Gehorsam leben, ohne Eigentum und in Keuschheit

Die evangelische Nachfolge der Bruderschaft konkretisiert sich innerhalb der Kirche im Rahmen des anerkannten Ordenslebens, für das etwa gleichzeitig die so genannten „evangelischen Räte" zur Norm erklärt werden. Die lange vorherrschende benediktinische Triade Stabilität – klösterliche Lebensweise – Gehorsam wurde aus verschiedenen Gründen obsolet. Einige Gruppen, wie die Dominikaner, beschränkten sich auf die Gehorsamsforderung. Das zweite Laterankonzil von 1139 wird erstmals ausdrücklich die drei „neuen" Gelübde nennen und sie den neuen Kanonikerorden auferlegen. Sie erscheinen beispielsweise in der Professformel des Malteserordens von 1153, sowie in der Regel des Heiliggeist- und Trinitarier-Ordens (1198). Da die beiden letztgenannten Regeln bereits unter Innozenz III. approbiert wurden, geht Casutt davon aus, dass derselbe Papst auch Franziskus den Gelübdeeintrag nahegelegt, wenn nicht auferlegt habe. Spielen diese drei Räte auch eine besondere Rolle im Evangelium, so werden sie jedoch als solche nicht weiter in den Regeln thematisiert als inhaltliche Beschreibung oder Kurzformel des evangelischen Lebens. Mit anderen Worten, es geht Franziskus in der Ordensregel weniger um die Erfüllung der Gelübde als vielmehr um die Befolgung des Evangeliums.

Die Formel, so wie wir sie heute in der BR finden, war so noch nicht im Propositum präsent. Die Reihenfolge der Räte ändert sich nochmals im Vergleich zu 1221. Wie dem auch sei, wichtig ist für Franziskus vor allen anderen Spezifizierungen, ein Leben nach der Form des Hl. Evangeliums zu führen.

2. Bruder Franziskus verspricht Gehorsam und Ehrerbietung dem Herrn Papst Honorius und seinen rechtmäßigen Nachfolgern sowie der Römischen Kirche. Und die anderen Brüder sollen verpflichtet sein, dem Bruder Franziskus und dessen Nachfolgern zu gehorchen.

a) Bruder Franziskus verspricht Gehorsam und Ehrerbietung dem Herrn Papst Honorius und der Römischen Kirche

In diesem Passus (dem Vasallen-Verhältnis entnommen) drückt sich das Verhältnis Bruderschaft – Hierarchie aus. Davon profitierte die Kirche, die die Minderbrüder wie andere Bewegungen für die geistliche Reform unter dem Volk einsetzte, davon profitierte aber auch der neue Orden angesichts sich abzeichnender interner Krisen.

Freilich machte es der moralische Tiefstand weiter Teile der Hierarchie (beschrieben z. B. von Jakob von Vitry) einem schwer, den kirchlichen Glauben hochzuhalten. Trotzdem erscheint Franziskus die römische Kirche als Ort und Garant des Heiles, vor allem, weil deren Priester durch Wort und Sakrament den Gläubigen den einzigen Zugang zum Geheimnis Christi ermöglichen.

Schon sehr früh tritt Franziskus mit der römischen Kurie in Kontakt. Der Papst scheint genügend Einfluss auf die umliegenden Bistümer gehabt zu haben; nur so erklärt sich, warum Franziskus 1210 sich direkt nach Rom aufgemacht hat. Die Gehorsamserklärung in Rom (Gef 52) oder auch im Prolog der NbR entspricht den längst eingeführten mittelalterlichen Gehorsamsbezeugungen, vor allem des Bischofs gegenüber dem Papst. Für eine Ordensregel ist ein solcher Schwur jedoch neu und einzig. Der Papst scheint ein besonderes Interesse daran gehabt zu haben,

den Orden an sich zu binden. Die kuriale Kontrolle konnte besser aus-
geübt werden, wenn der Orden einen Kopf und Führer hatte, der dem
Papst persönlich verantwortlich war, während ihm selbst alle Mitglieder
strikten Gehorsam schuldig waren.

Franziskus bereitete dieses Verhältnis offensichtlich kein Kopfzer-
brechen, hatte er doch schon längst die Kirche als den gültigen Ort für die
Verwirklichung des Evangeliums ausgemacht. Er spielte nicht beide
Größen gegeneinander aus, und er liebte auch nicht das Evangelium und
parallel dazu die Kirche. Das musste sogar Sabatier erkennen. An seiner
Kirchlichkeit bis zum letzten Atemzug kann nicht gerüttelt werden (vgl.
1 C 62). Immer erkannte er, der *vir catholicus*, die Präsenz Christi in
seiner Kirche. Mit dieser Kirche zu leben und zu beten waren für ihn
genauso eindeutige Prinzipien wie das Leben nach dem Evangelium.

Da er nicht immer persönlich mit dem Papst verhandeln kann, wird
sich Franziskus einen Kardinalprotektor erbitten. Viele seiner Beziehungen zu hochgestellten kirchlichen Persönlichkeiten waren nicht nur re-
spektvoll, sondern sind als freundschaftlich zu bezeichnen. Trotzdem war
er realistisch genug, um auch die eklatanten Schwächen der Hierarchie
zu erkennen und hier und da auf Abstand zu gehen (vgl. das Verbot,
sich Privilegien zu besorgen).

b) Die anderen Brüder sollen verpflichtet sein, Franziskus und dessen Nachfolgern zu gehorchen

Das konstruierte pyramidale Abhängigkeits- und Gehorsamssystem funk-
tioniert lediglich, wenn auch die breite Masse der Franziskusbrüder die
Spielregeln einhält. Wenn es darum geht, ein Kloster unter die Abhängigkeit des Papstes zu bringen, genügt das Wort des Abtes. Hier jedoch geht
es um eine Bruderschaft mit anderen, stärker personal verstandenen Zu-
ordnungen. Sonst hätte Franziskus 1210 auch alleine vor dem Papst erscheinen können. Wenn auch bis gegen 1239 der Orden recht zentralis-
tisch verwaltet wurde, verwirklichte sich der franziskanische Gehorsam
doch stets auf verschiedenen Ebenen (gegenüber dem lokalen und Pro-
vinzoberen, sowie dem Generalminister).

II. Von denen, die dieses Leben annehmen wollen und wie sie aufgenommen werden sollen

1. Die etwa dieses Leben annehmen wollen und zu unseren Brüdern kommen, sollen von ihnen zu ihren Provinzialministern geschickt werden; diesen allein und sonst niemand sei die Befugnis zugestanden, Brüder aufzunehmen.

Die Minister aber sollen sie sorgfältig über den katholischen Glauben und die Sakramente der Kirche prüfen. Und wenn sie dies alles glauben und es treu bekennen und bis ans Ende unverbrüchlich daran festhalten wollen; und wenn sie keine Ehefrauen haben oder ihre Frauen – falls sie eine haben – auch schon in ein Kloster eingetreten sind oder ihnen nach Ablegung des Gelübdes der Enthaltsamkeit mit Ermächtigung des Diözesanbischofs Erlaubnis gegeben haben; und wenn ihre Frauen solchen Alters sind, dass kein Argwohn über sie entstehen kann, dann sollen sie ihnen das Wort des heiligen Evangeliums sagen, dass sie hingehen und all das Ihrige verkaufen und Sorge tragen, es unter die Armen zu verteilen. Wenn sie das nicht tun können, genügt ihnen der gute Wille.

Und die Brüder und ihre Minister sollen sich hüten, sich um deren zeitliche Habe zu kümmern, damit sie unbehindert mit ihrer Habe tun können, was der Herr ihnen eingeben mag. Wenn jedoch um Rat ersucht wird, soll es den Ministern erlaubt sein, sie an gottesfürchtige Leute zu verweisen, nach deren Rat ihre Güter an die Armen verteilt werden mögen.

a) Die Zulassung

Was hier nach Eigeninitiative des Suchenden klingt, kann nur göttlicher Ruf sein. Das ist in der NbR noch klarer ausgedrückt (*divina inspiratione*). Der Zulassende ist der Provinzialminister, während es noch in der NbR einfach *minister* hieß. Die Chroniken bestätigen die Regel. Mit der Aufteilung des Ordens in Provinzen fiel die Aufnahme den Provinzialen zu, in Italien jedoch Franziskus selbst oder seinen ausdrücklichen Delegaten. Wiederum in Italien scheint die Portiunkula der einzige Aufnahmeort gewesen zu sein (Clarenus, Regelerklärung).

In *Quo elongati* sieht Gregor IX. die Provinziale lediglich als vom Generalminister delegiert bei der Aufnahme der Kandidaten. Hier scheint die kuriale Absicht durch, für einen zentralisierten Orden zu sorgen, der sich leichter kontrollieren lässt.

b) Der katholische Glaube

In der NbR 2 ging es zunächst darum, dass der Minister dem Kandidaten die evangelische Lebensweise darlegt (vgl. jedoch auch NbR 19). Zwei Jahre später ist aus diesem ersten Kontakt mit dem offiziellen Vertreter der Bruderschaft eine doktrinäre Befragung geworden, welche sicherstellt, dass sich der Orden insgesamt und in allen seinen Gliedern klar von den heterodoxen Bewegungen abhebt.

Es geht freilich nicht um ein Lippenbekenntnis, sondern um ein katholisches Leben bis zum Ende, mithin bis zum Martyrium (vgl. NbR 16). Der Kandidat soll mit dem Leben des Hl. Evangeliums konfrontiert werden und darauf als gläubiger Mensch seine Antwort geben.

c) In Freiheit

Die Feststellung der Ungebundenheit kommt aus dem damals geltenden Recht, so wie es auch in anderen Ordensregeln (Zisterzienser, Dominikaner, Orden vom Hl. Geist) zum Tragen kommt. Es kam durchaus vor, dass junge Eheleute sich für das franziskanisch-klarianische Ordensleben entschieden (vgl. LebKl 10). Generell erachteten alle radikalen Wanderasketen in der Nachfolge Jesu die Freiheit von ehelichen Banden als unabdingbar; das hatte Franziskus mit der Armutsbewegung seiner Zeit gemein. Es geht hier um die größere Offenheit für die (ortsungebundene) Nachfolge Jesu (vgl. die evangelische Ausdeutung in NbR 1,3-5).

d) Güterverzicht

Der Güterverzicht zugunsten der Armen steht im Zentrum der franziskanischen Berufung. Franziskus, wie auch andere Vertreter der Armutsbewegung, ist davon überzeugt, dass man nur in Armut dem Herrn nachfolgen kann (vgl. VermKl). Die zu veräußernden materiellen Werte sollen weder der Ordensgemeinschaft (im Gegensatz zu NbR 2,7) noch der eigenen Familie zugute kommen. Freilich geht es mehr um den innerlichen Verzicht als um die umfassende materielle Erfüllung der Forderung (vgl. 2 C 190).

So zeigt sich der Kandidat durch den doppelten Verzicht auf Ehe und Güter bereit für ein Leben nach der Form des Hl. Evangeliums.

2. Hernach sollen sie ihnen die Kleidung für die Probezeit gewähren, nämlich zwei Habite ohne Kapuze und einen Gürtelstrick und Hosen und einen Kaparon bis zum Gürtel, falls nicht den erwähnten Ministern einmal etwas anderes vor Gott entsprechend erscheinen sollte.

Um 1220 äußert Jakob von Vitry seine Bedenken gegen die Praxis im Orden, die Brüder auch ohne Einweisung ins Ordensleben mit auf Reisen zu nehmen. Im gleichen Jahr jedoch sollte die Einlassung von Honorius III. mit seiner Bulle *Cum secundum consilium* das Probejahr unter den Minderbrüdern vorschreiben. Eine ähnliche Vorschrift hatte bereits Innozenz III. für die Trinitarier erlassen, während andere spirituelle Bewegungen derselben Zeit auch lockerere Zugehörigkeitsformen ohne Bewährungszeit kannten.

Ein Aufnahmeritus in das franziskanische Noviziat wird hier nicht genannt, ist aber vorauszusetzen. Auch ist nirgends von einem Noviziatshaus die Rede; vielmehr wurden die Novizen wohl je einem verantwortlichen Bruder zugeteilt und verbrachten das Probejahr teils in Konventen, teils unterwegs. Ein Unterschied zu den Professbrüdern besteht lediglich in der geringfügig anderen Kleidung: Die Novizen erhalten zwei Habite ohne Kapuze, jedoch mit Kaparon, einer Art kurzer Pelerine.

3. Ist aber das Probejahr beendet, sollen sie zum Gehorsam angenommen werden, indem sie versprechen, dieses Leben und diese Regel immer zu befolgen. Und gemäß der Anordnung des Herrn Papstes soll ihnen unter keinen Umständen erlaubt sein, aus diesem Orden auszutreten, weil nach dem heiligen Evangelium „niemand, der die Hand an den Pflug legt und rückwärts schaut, zum Reiche Gottes tauglich ist".
Und jene, die den Gehorsam schon versprochen haben, sollen einen Habit mit Kapuze und, falls sie ihn haben wollen, einen anderen ohne Kapuze haben. Und die durch Not gezwungen sind, können Schuhwerk tragen. Und alle Brüder sollen geringwertige Kleidung

tragen und sollen sie mit grobem Tuch und anderen Tuchstücken verstärken können mit Gottes Segen.
Ich warne und ermahne sie, jene Leute nicht zu verachten, noch zu verurteilen, die sie weiche und farbenfrohe Kleider tragen und sich auserlesener Speisen und Getränke bedienen sehen, sondern vielmehr soll jeder sich selbst verurteilen und verachten.

a) Die Profess

Es gab in der lateinischen Kirche drei grundsätzliche Typen von Professriten: *professio super altare* (monastischer Brauch), *professio in manus* (Mendikanten), *professio super hostiam* (Militärorden und Jesuiten). Wie aber sah die Professformel der Franziskaner aus? Dem Text nach sind ja nicht die Gelübde, sondern das evangelische Leben und die Regel das Objekt des Versprechens. Die Konstitutionen von Narbonne von 1260 (I.11), aber wahrscheinlich auch schon die vorgängige Praxis, kennen die umfassendere Formel, die beide Verben, *voveo* und *promitto*, sowie als Objekt Regel und evangelische Räte beinhaltet.

b) Die Kleidung

Die spärlichen Angaben zu Noviziat und Profess kontrastieren mit der umfassenderen Beschreibung der Kleidung der Professen. Die Kleidung war im Mittelalter Ausdruck von Standesunterschieden und zudem wichtiger äußerlicher Ausdruck für den innerlichen Zusammenhalt einer Gruppe. Hinzu kommt hier freilich der Aspekt der Weihe an Gott (so dass es beim Ausschluss aus der Bruderschaft logischerweise zur Rückgabe des Habits kommt: NbR 13,1).

Die hier gewählten Kleidungsstücke – sie werden übrigens durchgängig von den Quellen bestätigt (vgl. Test 16 und 1 C 39) – waren weder die der Mönche, noch die der einfachen Landbauern! Trotzdem war ihre Tracht nicht sonderlich originell im Vergleich zu anderen barfüßigen Wanderpredigern wie Robert von Arbrissel, Bernhard von Thiron oder Norbert von Xanten. Allen gemeinsam war hier die Inspiration der evangelischen Jüngersendung. Franziskus versteht jedoch, dass die bewusst einfache Kleidung auch zum Hochmut verleiten kann. Die evangelische Armut ist eine Gnade, die nicht jedem gegeben ist, daher verbietet es sich, auf jene herabzuschauen, die ihren Reichtum äußerlich zur Schau stellen. Spätere Quellen verraten uns jedoch, dass manche Brüder sehr wohl der Versuchung der „weichen und farbenfrohen Kleider" erlagen (2 C 69).

III. Vom Göttlichen Offizium und vom Fasten und wie die Brüder durch die Welt ziehen sollen

1. Die Kleriker sollen das Göttliche Offizium nach der Anordnung der heiligen Kirche von Rom verrichten, den Psalter ausgenommen; darum dürfen sie Breviere haben. Die Laien aber sollen vierundzwanzig Vaterunser beten für die Matutin, für die Laudes fünf, für Prim, Terz, Sext, Non, für jede dieser Horen sieben, für die Vesper aber zwölf, für die Komplet sieben; und sie sollen für die Verstorbenen beten.

In diesem Zusammenhang gilt es der Frage nachzugehen, ob oder seit wann sich die Bruderschaft als klerikal verstanden hat, was ja die Verpflichtung zum Offizium nach sich zog. Zu Beginn jedenfalls, nach dem gemeinsamen Romgang, beteten die Brüder noch nicht das Offizium (vgl. 1 C 45). Bonaventura schreibt diesen Umstand nicht ihrer Einfachheit, sondern dem Mangel an liturgischen Büchern zu (LM 4,3). Wahrscheinlich ist, dass die ersten Brüder, wo immer sie konnten, am Stundengebet der Kleriker in deren Kirchen teilnahmen (vgl. Gef 38). Die Situation ändert sich mit dem Eintritt gelehrter Brüder; die liturgischen Bestimmungen der NbR tragen dem Rechnung. Das Stundengebet der Diözesankleriker verrichten hier die lesekundigen Brüder. In der BR erhält die Regelung einen klareren kanonischen Zuschnitt. Wer sind hier die Kleriker, denen nun ausschließlich die Verrichtung des Offiziums offen steht bzw. die darauf verpflichtet werden? Nach Hardick wären das weiterhin die Kleriker im weiteren, kulturellen Sinn, während Van Dijk und Schmucki in diesen Brüdern alleine die geweihten Kleriker sehen. Vielleicht ist die Lösung der Frage so zu sehen: Während die an der Redaktion der Regel mitwirkenden kurialen Kreise ihr juridisch-kanonisches Verständnis geltend machen wollen, verstehen die Minderbrüder selbst den hier gemeinten Personenkreis in einem weiteren Sinne. Es ist jedenfalls schwer vorstellbar, dass nach 1223 Brüder wie Elias oder andere Minister oder intellektuelle Laienbrüder nun das Offizium mit den Vaterunsern vertauscht haben sollten.

Die Wahl der Stundenliturgie der römischen Kurie lag nahe, war doch jene selbst oft unterwegs und so auf eine unkomplizierte Liturgie und relativ bescheidene Bücher angewiesen. Die Ausnahme des Psalteriums hängt mit der enormen Verbreitung des so genannten „Gallikanischen Psalters" zusammen (er war oft die Basis des schulischen Leseunterrichts).

Die Verpflichtung der Laienbrüder auf das Vater-unser-Gebet war dagegen Brauch nicht nur in der monastischen Tradition, sondern auch bei den neuen Orden.

Uns überrascht die Vehemenz, mit der Franziskus die Einhaltung dieser Normen bis hin zur Besessenheit einfordert (vgl. Test 30ff.; Ord 44). Für ihn steht der Zusammenhalt der Bruderschaft wie auch die Treue und Anbindung an die Römische Kirche auf dem Spiel. Trotzdem brachte er dadurch den Orden in große Schwierigkeiten, da es bei der immer größeren Verbreitung des Ordens immer schwieriger wurde, den genauen Vorschriften zu entsprechen, jedenfalls vor der Zeit, als das Skriptorium in Assisi damit begann, Choralbreviere für alle Provinzen anzufertigen (1230).

Das Ausbleiben einer spirituellen Motivation oder aber einer spirituellen Anleitung für den Vollzug des Offiziums muss nicht überraschen, ist in diesem Passus doch eher die Hand der Kurie am Werk. Ausführungen zum Stundengebet als Lob Gottes müssen wir in anderen Franziskusschriften suchen (Ord 40-42; auch 2 C 96).

2. Und sie sollen fasten vom Feste Allerheiligen bis zur Geburt des Herrn. Die heilige vierzigtägige Fastenzeit aber, die von Epiphanie an ohne Unterbrechung vierzig Tage dauert und die der Herr durch sein heiliges Fasten geweiht hat, die sie freiwillig fasten, sollen vom Herrn gesegnet sein; und die nicht wollen, sollen nicht verpflichtet sein. Die andere Fastenzeit aber bis zur Auferstehung des Herrn sollen sie halten. Zu anderen Zeiten aber sollen sie nicht zum Fasten gehalten sein, außer am Freitag. Jedoch zur Zeit offensichtlicher Not sollen die Brüder zu leiblichem Fasten nicht gehalten sein.

Die traditionelle Fastenzeit in vielen Orden dauerte von Kreuzerhöhung bis Ostern. Die Bestimmungen in der jungen Gemeinschaft um Franziskus mussten sich erst entwickeln. In der Frühzeit waren sie wesentlich strikter. Nach Jordans Chronik (11) fasteten die Brüder gemäß dem Propositum von 1210 mittwochs und freitags, zum Teil auch montags und samstags. Während der Abwesenheit des Franziskus im Orient wollten einige Brüder generell ein striktes Fasten durchsetzen (ebd. 11f.). Bekanntlich wurde das Fasten dann in der NbR wiederum zurückgeschraubt, was die Wochentage angeht. Auch werden keine Einschränkungen im Speiseplan gemacht. Im Vergleich zur BR jedoch sind die Fastenzeiten erweitert und umfassen verpflichtend die Zeiten zwischen Allerheiligen und Weihnachten sowie Epiphanie bis Ostern. Die BR bietet insgesamt (besonders wenn man das Benediktionsfasten nicht berücksichtigt) dreieinhalb Monate weniger Fasten im Vergleich zur Mehrheit der monastischen Orden. Dies ist ein Erweis der Abstimmung mit der mobilen Lebensform, zum Verdruss der Kräfte im Orden, welche die Angleichung an monastische Gepflogenheiten forcieren wollten. Die abschließende einschränkende Bemerkung von der eventuellen Unmöglichkeit des körperlichen Fastens nimmt wiederum Rücksicht auf die gewählte Lebensform und relativiert somit seinen physischen Aspekt. Gemäß 2 Gl 32 ist die Abstinenz von Lastern und Sünden das wahre Fasten, das den Menschen für das Gottesreich empfänglich macht. Es geht um die umfassende Bekehrung, innerhalb derer das körperliche Fasten lediglich ein Aspekt ist.

Die Abstinenz außerhalb der Fastenzeiten, so wie sie für andere Ordensgemeinschaften verbürgt ist, kommt hier nicht zur Sprache. Zum einen lehnt Franziskus hier jedweden Rigorismus ab, zum anderen ließ die Art der Beschaffung der Lebensmittel für die Gemeinschaft (Bettel) eine solche Auswahl oder Beschränkung des Speiseplans nicht zu. Andererseits berichten die erzählenden Quellen von häufigen spontanen und freiwilligen Fasten und Abstinenzen, jedoch genauso auch vom Einspruch des Franziskus gegenüber einem übertriebenem Fasten (LM 9,3; 1 C 40; 2 C 213; Gef 59; 2 C 129 gegenüber 2 C 175f.).

3. Ich rate aber meinen Brüdern, warne und ermahne sie im Herrn Jesus Christus, sie sollen, wenn sie durch die Welt gehen, nicht streiten, noch sich in Wortgezänk einlassen, noch andere richten.

> *Vielmehr sollen sie milde, friedfertig und bescheiden, sanftmütig und demütig sein und anständig reden mit allen, wie es sich gehört. Und sie dürfen nicht reiten, falls sie nicht durch offenbare Not oder Schwäche gezwungen werden. Kommen sie in ein Haus, sollen sie zuerst sagen: „Friede diesem Hause." Und nach dem heiligen Evangelium soll es erlaubt sein, von allen Speisen zu essen, die ihnen vorgesetzt werden.*

Alle bislang aufgelisteten Bestimmungen könnten sich auf jedweden Orden beziehen. Hier jedoch beginnt die Konkretisierung der spezifisch franziskanischen Form der Nachfolge Christi, die nicht statisch Jesu Tugenden nachahmen, sondern ihm konkret auf den staubigen Straßen dieser Welt folgen will.

a) Sich wie Mindere verhalten

Das geforderte Verhalten entspricht im Ganzen der evangelischen Jüngermission nach dem Maßstab der Makarismen bei Matthäus. Wichtig ist Franziskus die umfassende Friedfertigkeit, die seine Brüder vom oft aggressiven Verhalten sonstiger Wanderprediger unterscheiden soll. Zugleich stellt er einen evangelischen Verhaltenskodex gegen wohl tatsächlich vorkommende Verfehlungen auf (vgl. die parallelen, jedoch ungleich umfangreicheren Ausführungen in NbR 11). Zum anderen ist dieser Passus Ermutigung zum Festhalten am Prinzip der umfassenden Gewaltlosigkeit angesichts der Schmähungen, welche die Brüder konkret zu erdulden haben (vgl. Gef 40).

b) Sie sollen nicht reiten

Es folgen vier konkrete Anweisungen zur evangelischen Itineranz: nicht reiten, den Frieden wünschen, essen, was einem vorgesetzt wird, und der Nichtgebrauch von Geld.

Das Reitverbot ist eine Aktualisierung der sozialen Randstellung der Minderbrüder in einer von Rittern geprägten Gesellschaft, wo das Reiten als komfortable, den Armen unzugängliche Reisemöglichkeit galt. Auch bei Trinitariern und Dominikanern galt dasselbe Verbot. Zudem erklärt sich dieser Einwurf als radikale Absage an die einstigen Ritterträume des

Franziskus. Flankierend wird in NbR 15,1f. das Halten von Haustieren untersagt. Allerdings wurde das Reitverbot schon im weiteren Verlauf des 13. Jh. hier und da – besonders von den Ministern – gebrochen (vgl. Jord 55; Eccl XIII).

c) Der Friedensgruß

Auch der Friedensgruß entspricht der Praxis der evangelischen Wander-bewegung und war wohl schon Teil des Propositums. Es geht hier eher um eine persönliche Eingebung (vgl. Test 23) denn um eine Höflichkeits-formel. Inhaltlich bedeutet der gewünschte Friede nicht nur Abwesenheit von Konflikt, sondern noch viel mehr das durch die eigene Bußgesinnung herbeigesehnte Heils-Handeln Jesu vom Kreuz her. Franziskus und seine Brüder wollen hier den am eigenen Leib erfahrenen umfassenden Frieden Jesu kommunizieren. Dies gelingt jedoch nur glaubhaft, wenn die Brüder untereinander friedlich durch die Welt ziehen (vgl. Gef 58). Dass die theologisch motivierte Friedenshaltung durchaus auch eine soziale Bedeu-tung annahm und zur echten Friedens-Mission wurde, lassen die Quellen ebenfalls durchblicken (vgl. Franziskus' Interventionen in Perugia, Arez-zo, Gubbio und Assisi).

d) Die evangelische Freiheit beim Essen

Da Franziskus und seine Brüder auf Reisen von der Großzügigkeit ihrer Gastgeber abhängig waren, konnte für sie nur die im Evangelium der Jüngeraussendung erwähnte Freiheit gelten. Ausgenommen bleiben frei-lich die kirchlichen Fast- und Abstinenztage. Es wurde bereits angedeutet, dass diese Ordnung den (vorläufigen) Endpunkt in einer längeren, turbu-lenten Entwicklung darstellt. Die Generationen nach Franziskus erlagen freilich rasch der Versuchung, sich in der Essensfrage den gängigen schärferen Vorschriften anderer Orden anzupassen. Die in der Regel gewährte Freiheit gelte nur auf Reisen, so hieß es in den Regelaus-legungen und ersten Konstitutionen, und der Normalfall sei ein absolutes Fleischverbot sowie, an Fasttagen, der Verzicht auf Eier und Milchpro-dukte.

IV. Dass die Brüder kein Geld annehmen sollen

Das vierte Regelkapitel hängt mit den beiden folgenden zusammen; das gemeinsame Thema ist die Bestreitung des Unterhalts in der Gemeinschaft. Wie wir wissen, spielte das Geld als Tauschwert besonders seit dem Ende des 12. Jahrhunderts eine immer größere Rolle. In einer zum Kapitalismus neigenden Gesellschaft stiegen die Kaufleute zu Reichtum und Macht auf. In diesem Klima konnte das Geldverbot innerhalb der Armutsbewegung nur als radikale evangelisch orientierte Anklage und Verweigerung verstanden werden.

1. Ich gebiete allen Brüdern streng, auf keine Weise Münzen oder Geld anzunehmen, weder selbst noch durch eine Mittelsperson.

Franziskus' radikale Abneigung gegen den Geldgebrauch als Subsistenzmittel für seine Bruderschaft (vgl. 2 C 65f. 68) ist wohl mit dem Umstand zu erklären, dass ihm selbst so viel am Geld gelegen hatte in seiner Jugend, vor der folgenschweren Umwälzung aller Werte. Dabei sollten wir nicht meinen, dass Franziskus sich hier, wie weite Teile der Kirche, einfach der neuen ökonomischen und sozialen Situation mit dem Aufstieg der Stadtkultur verweigert hätte. Vielmehr ging es ihm auch hier um die Glaubwürdigkeit der gewählten „Form des Hl. Evangeliums". Wie oft, wird lediglich in der NbR die ganze evangelische Tragweite einer solchen Grundsatzentscheidung thematisiert (NbR 8,1-12).

Freilich, die getroffene Entscheidung des Geldverbotes war idealistisch und ließ sich nur im gegebenen Rahmen der Anfänge realisieren. Bereits unser Text bietet ja im Zusammenhang mit der Sorge um die eigenen kranken Brüder eine Ausnahme. Die Zuflucht zu „geistlichen Freuden" schaffte dann eine juridische Fiktion, die nur zu gut zeigte, dass es eigentlich unmöglich wurde, ganz ohne Geldgebrauch zu leben. Die Quellen stellen sich übrigens die Frage, warum die Minderbrüder nicht wie andere Arme Geldalmosen annehmen und geben darauf zur Antwort, ihre eigene Armut sei weniger beschwerlich als die anderer Menschen, da sie eine gottgegebene Gnade sei (Gef 39)!

2. Doch für die Bedürfnisse der Kranken und die Bekleidung der anderen Brüder sollen einzig die Minister und Kustoden mit Hilfe geistlicher Freunde gewissenhaft Sorge tragen nach Maßgabe der Orte und Zeiten und kalten Gegenden, wie sie sehen werden, dass es der Not abhelfe; immer aber mit dem Vorbehalt, dass sie, wie gesagt, nicht Münzen oder Geld annehmen.

Im Vergleich zur NbR ist der Geldgebrauch weiter eingeschränkt. Lediglich die Ordensoberen werden (durch Mittelsleute) damit betraut. Das offensichtliche Dilemma bestand darin, dem Übergang von einer spontanen Itinerantengruppe zu einem immer mehr sesshaft werdenden Orden auch in der ökonomischen Praxis Rechnung zu tragen. Bereits die 1226 nach Marokko aufgebrochenen Brüder erhalten durch eine päpstliche Bulle die Erlaubnis zum Geldgebrauch, weil in jenem Land Naturalgeschenke unüblich seien. Überhaupt schufen die Missionen Situationen, in denen es stets galt, die Regel flexibel anzuwenden, ohne ihre Radikalität zu untergraben. Trotzdem, die Verlagerung des Geldgebrauchs auf Mittelsmänner half nicht gerade dabei, wirklich auszudrücken, was für Franziskus und seine ersten Brüder der Verzicht auf Geld als Unterhaltsmittel bedeutete.

V. Von der Art zu arbeiten

Der Sinn der Handarbeit im Ordensleben schwankte zwischen Beschäftigung zur Vermeidung von Müßiggang und echter Bestreitung des Lebensunterhaltes. Nach den Zisterziensern waren es die Vertreter der Armutsbewegung, welche die Handarbeit wieder zu Ehren brachten, und zwar gemäß dem apostolischen Ideal. Während jedoch einige Gruppen sich als Lohnarbeiter bzw. Tagelöhner verdingten, arbeiteten die Humiliaten bekanntlich in ihren eigenen Werkstätten.

Die Behandlung des Themas in der NbR lässt erahnen, dass es sich dabei um eine tatsächliche tagtägliche Erfahrung mit der Welt der Arbeit handelt. Dasselbe wollen die frühen Quellen glaubhaft erscheinen lassen (1 C 39 und Gef 41). Allerdings „ertappen" sie Franziskus – trotz seiner Beteuerungen in Test 20 – kaum einmal dabei, wie er selbst irgendeine Handarbeit verrichtet.

1. Jene Brüder, denen der Herr die Gnade zu arbeiten gegeben hat, sollen in Treue und Hingabe arbeiten, so zwar, dass sie den Müßiggang, welcher der Seele feind ist, ausschließen, aber den Geist des heiligen Gebetes und der Hingabe nicht auslöschen, dem das übrige Zeitliche dienen muss.

Für Franziskus hat die Handarbeit teil an jener umfassenderen Gnade, ein Leben nach der Form des Evangeliums zu führen. Sie ist Ausdruck einer dankbaren Antwort auf alles Gute, das Gott ist und gewährt. Wenn die Arbeit also einen fundamentalen Wert darstellt, ist es dann jedoch erstaunlich, dass die manuelle Tätigkeit im Vergleich zur Regel von 1221 nun auf den Kreis der gelernten oder „begnadeten" Arbeiter eingeschränkt wird.

An und für sich war die Handarbeit integraler Bestandteil eines Lebens, welches an den Armen Maß nahm und deren wirtschaftliches System übernahm. Die Aussagen der NbR (Kap. 7) übernehmen, wie gesagt, eine solche Sicht. Die biblische Untermauerung ist hier Paulus entnommen, da Jesus ja nicht als Arbeiter in den Evangelien auftaucht. Jedoch, auch die NbR kennt bereits die Aufteilung in Prediger, Beter und Arbeiter (17,5), falls es sich hier nicht um eine Art Rotationsprinzip handelt. Zumindest die Beschäftigungen als „Beter" in der Einsiedelei und als Feldarbeiter oder Handwerker ließen sich ja gut jeweils phasenweise gestalten innerhalb der einen evangelischen Lebensform. Selbst die autorisierte Predigt wurde noch nicht zu einem systematischen und permanenten Dienst wie bei den Dominikanern. Es ist jedoch kaum anzunehmen, dass die Angaben der NbR 7 tatsächlich so noch der Realität entsprachen, denn wie hätten sie sonst zwei Jahre später einfach wegfallen können? Es sieht ganz so aus, als sei die „Arbeitsteilung" unter dem gemeinsamen evangelischen Horizont eine akzeptierte Wirklichkeit geworden. Und wir wissen auch, dass die Handarbeit recht bald im weithin sesshaften Orden zugunsten pastoraler Aktivitäten stark zurückgedrängt wurde.

a) Wie sollen die Brüder arbeiten?

Die geforderte Treue bei der Arbeit ist die einzig kohärente und verantwortliche Antwort auf die gewährte Gnade. So entwickelt sich durch die Arbeit ein menschlich-göttlicher Dialog, durch den das Gottesreich wirksam wird. Die NbR gibt noch einen weiteren Hinweis auf die Gestaltung der Arbeit: Sie soll sich stets als Dienst verstehen, als Ausdruck der Grundoption der Minorität. Die eingeforderte *devotio* bei der Arbeit macht aus dieser nicht etwa einen frommen Akt, sondern sie bezeichnet hier, ähnlich wie die Treue, das umfassende Engagement bei der Arbeit, verstanden als Gabe und Aufgabe.

b) Arbeit und Gebet

Die Arbeit wird nicht absolut gesetzt; sie unterliegt Auflagen, damit höhere Werte nicht darunter leiden, zumal der Geist des Gebetes und der Hingabe, denn „jetzt ..., nachdem wir die Welt verlassen haben, sind wir verpflichtet, nichts anderes zu tun, als dem Willen des Herrn zu folgen und ihm allein zu gefallen" (NbR 22,9). Wiederum legt die NbR die Forderungen mit einer Reihe von biblischen Zitaten aus (17,10ff.). Die Arbeit gehört zu den vom Evangelium geforderten guten Werken. Trotzdem wird aus der Arbeit für die Franziskaner keine derart durchstrukturierte Tätigkeit wie das bei den Humiliaten der Fall war und das in der heutigen Arbeitswelt gilt. Der Müßiggang wurde wohl erst bei der Niederlassung in festen Unterkünften zum echten Problem (2 C 162), wie auch in anderen Ordensgemeinschaften seit der ausgehenden Antike.

2. Was aber den Lohn der Arbeit angeht, so mögen sie für sich und ihre Brüder das Nötige zum leiblichen Unterhalt annehmen, außer Münzen oder Geld; und das demütig, wie es Knechten Gottes und Anhängern der heiligsten Armut geziemt.

Die Arbeit ist nicht nur ein mit der Berufung in Einklang stehender Zeitvertreib für eine bestimmte Brüdergruppe; sie hat auch ökonomische Konsequenzen, indem sie zum Lebensunterhalt der ganzen Gemeinschaft beiträgt, ohne diesen immer ganz abdecken zu können. Das Almosensammeln musste dazukommen. Allerdings, das wird das folgende Kapitel zeigen, wurde das Almosen bereits nicht mehr nur als zusätzliche Verdienstquelle angesehen, sondern erfuhr eine Deutung, die sie zu einem Wert in sich machte (trotz der Rückkehr zur früheren Sicht in Test 22). Die demütige Annahme des Lohnes, bzw. der Verzicht auf dessen Einforderung, entspricht der evangelischen Forderung, umsonst zu geben, da Gott uns alles umsonst gewährt hat. Insgesamt muss jedoch nochmals unterstrichen werden, dass dieses Regelkapitel längst nicht mehr die Arbeits- und Organisationsverhältnisse der frühesten Zeit des Ordens widerspiegelt. Die abhängige Lohnarbeit war fast vollständig neuen klerikal-pastoralen Tätigkeiten und damit anderen Verdienstmöglichkeiten gewichen.

VI. Dass die Brüder nichts als ihr Eigentum erwerben dürfen, sowie vom Bitten um Almosen und von den kranken Brüdern

Wenn die Arbeit nicht genügend zum Lebensunterhalt einbringt, ist es logisch, zum Tisch des Herrn Zuflucht zu nehmen. Das Fehlen von materiellem Komfort soll nicht zu Spannungen unter den Brüdern führen. Dieser Mangel soll durch intensive affektive Beziehungen kompensiert werden, mit einem besonderen Augenmerk für die Kranken.

1. Die Brüder sollen sich nichts aneignen, weder Haus noch Ort noch irgendeine Sache.

Die Idee des Franziskus vom Verzicht auf Eigentum entspringt weniger juridischen Erwägungen als vielmehr der Vorstellung von Gott als dem höchsten Gut, dem alles Gute zu erstatten ist, ohne es für sich festhalten zu wollen (vgl. NbR 17,17; 23,9). Gott ist hier sozusagen der besitzende Feudalherr, der weltliche Güter zur Verfügung stellt. Wer sich also Dinge exklusiv aneignet, bricht die rechte Beziehung mit Gott und verfällt in Sünde. Dieser Eigentumsverzicht ermöglicht die Freiheit, sich den Brüdern wie den Mitmenschen zu öffnen.

Auch hier bestätigen die Quellen, dass die Minderbrüder zunächst tatsächlich keine eigenen Häuser kannten, bis sie, nach dem Ausweis der NbR, neben der Wanderexistenz auch Eremitorien und andere „Orte" als mehr oder weniger ständige Aufenthaltsorte zuließen. Unser Regeltext geht bereits von festen Wohnsitzen aus, die es jedoch nicht zu besitzen gilt (vgl. auch Ord 30f. und Test 24). Es ging den Minderbrüdern darum, auch unter neuen Voraussetzungen weiterhin, wenigstens zeichenhaft, den itineranten Charakter ihrer Lebensform zu wahren und sich von Macht und Anspruchsdenken freizuhalten.

2. Und gleichwie Pilger und Fremdlinge in dieser Welt, die dem Herrn in Armut und Demut dienen, mögen sie voll Vertrauen um Almosen gehen; sie dürfen sich nicht schämen, weil der Herr sich für uns in dieser Welt arm gemacht hat.

Die dynamische Nachfolge des armen Christus gehört zum Kern des franziskanischen Charismas. Sie schließt das Betteln mit ein, als Recht der Armen, denen der Tageslohn nicht zugestanden wird. Mehr noch, die NbR stellt Jesus (und sogar die Apostel mit Maria) als den Bettler Gottes vor, der sich auch nicht vor dem unangenehmen Bettelgang scheute. Der Bettel wird so zugleich zum Erbe der Armen und zur geistlichen Verdienstmöglichkeit der spendablen Geber (9,1-9). Das Geben wie das Empfangen von Almosen wird durch eine religiöse Deutung überhöht ... Und damit wird der Bezug zur Arbeit als erstem Mittel des Brot-Erwerbs nicht mehr deutlich, wiederum anders als wenig später in Franziskus' Testament (Test 22). Es gab wohl keinen Weg mehr zurück zur anfänglichen Praxis. Der Bettel war zu einer mehr oder weniger organisierten, jedenfalls aber geläufigen Tätigkeit im Alltag der Brüder geworden (vgl. 2 C 71. 75; Gef 38. 55).

3. Dies ist jene Erhabenheit der höchsten Armut, die euch, meine geliebtesten Brüder, zu Erben und Königen des Himmelreiches eingesetzt, an Hab und Gut arm gemacht, durch Tugenden geadelt hat. Dieses soll euer Anteil sein, der hinführt in das Land der Lebenden. Dieser hanget, geliebteste Brüder, ganz und gar an und trachtet um des Namens unseres Herrn Jesu Christi willen auf immer unter dem Himmel nichts anderes zu haben.

Dieser Hymnus an die Armut scheint zu stilisiert und theologisch dicht, um direkt von Franziskus zu stammen. Freilich konnte Franziskus, zusammen mit der Armutsbewegung, Christus und das Evangelium nicht anders als von der Armut her verstehen. Die Armut scheint hier jedoch auf dem gleichen Niveau zu stehen wie Christus und das Evangelium. In den sonstigen Franziskus-Texten ist die Armut stets eindeutig beschrieben als die Armut Jesu Christi (vgl. VermKl; Leo 3). Wie dem auch sei, Franziskus besteht auf einer absoluten Treue zu einem Leben in Armut als die geoffenbarte Antwort auf den Anruf des Evangeliums.

4. Und wo immer die Brüder sind und sich treffen, sollen sie sich einander als Hausgenossen erzeigen. Und vertrauensvoll soll einer dem anderen seine Not offenbaren; denn wenn schon eine Mutter ihren leiblichen Sohn nährt und liebt, um wie viel sorgfältiger muss einer seinen geistlichen Bruder lieben und nähren?

Und wenn einer von ihnen schwer krank werden sollte, dann müssen die anderen Brüder ihm so dienen, wie sie selbst bedient sein wollten.

Die Härten eines Lebens in Armut sollen aufgefangen werden durch einen vertrauensvollen und herzlichen Umgang miteinander. Die Armut gebietet zu teilen und sich mitzuteilen. Das in NbR 9,10f. gewählte Beispiel der Muttersorge soll hier sogar noch übertroffen werden. Zu beachten ist freilich, dass damit keine tatsächlichen verwandtschaftlichen Beziehungen angesprochen werden, sondern das Verhältnis von geistlichen Brüdern, die alle durch den gleichen evangelischen Ruf zueinander in Beziehung treten und zueinander gehören. Die Quellen zeichnen wiederum ein Bild, das diesem Anspruch entspricht (1 C 38; Gef 41f.), jedoch etwas zu harmonisch ausfällt. Die Bruderliebe ist auf den Ernstfall der Krankheit angewendet und tatsächlich ernst genommen (Erm 24; 2 C 175f.). Die Anweisungen für die auf Reisen eintretenden Krankheitsfälle (vgl. NbR 10,1f.) werden hier, wie auch sonstige Ausführungen zum Verhalten der Kranken selbst, weggelassen.

VII. Von der Buße, die sündigen Brüdern aufgelegt werden soll

Wenn Brüder auf Anreiz des bösen Feindes tödlich sündigen und es sich um solche Sünden handelt, für die unter den Brüdern verordnet sein wird, dass man sich allein an die Provinzialminister wende, sollen diese Brüder sich an sie wenden, sobald sie können, ohne Verzug.

Die Minister selbst aber, wenn sie Priester sind, sollen ihnen mit Erbarmen eine Buße auferlegen; wenn sie aber nicht Priester sind, sollen sie die Buße durch andere Priester des Ordens auferlegen lassen, wie es ihnen vor Gott am besten scheinen wird. Und sie müssen sich hüten, wegen der Sünde, die jemand begangen hat, zornig und verwirrt zu werden; denn Zorn und Verwirrung verhindern in ihnen selbst und in den anderen die Liebe.

a) Die reservierten Sünden

Die Brüder haben anfangs nicht unbedingt bei einem der wenigen Priester der eigenen Gemeinschaft gebeichtet (vgl. 1 C 46); auch NbR 20,1f. besteht nicht darauf, allerdings versucht man in der Praxis, dies zu ermöglichen (vgl. Jord 28. 44). Bereits NbR 4,6 spricht dem Minister eine geistliche Verantwortlichkeit gegenüber seinen Brüdern zu, zwei Jahre später erhält diese Verantwortung einen zugleich juridischen wie pastoralen Charakter. Die Ausführungen von Min 13-20 lesen sich hier wie ein erster Entwurf zu unserem Kapitel. Welche Todsünden der Absolution durch den priesterlichen Provinzialminister vorbehalten sind, ist uns nicht bekannt. Allerdings fordert Franziskus in der NbR besonders für die gegen die drei evangelischen Räte gerichteten Sünden eine härtere Bestrafung (NbR 5,16; 8,7; 13,1).

b) Wenn sie Priester sind

Trotz der rasch erfolgenden Klerikalisierung des Ordens bleiben die Ordensämter zunächst nicht den Klerikern vorbehalten. Unter den ersten Ministern sind u. a. Pazifikus, Bernhard von Quintavalle, Johannes Parenti und Elias keine Priester. Erst 1239 wird mit Albert von Pisa ein Priester Generalminister. Es besteht also durchaus die Möglichkeit, dass ein laikaler Minister die Angelegenheit an einen anderen Priester weiterleitet, der dann auch die Bußleistung festsetzen muss.

c) Sich nicht durch die Sünde anderer irritieren lassen

Der Text erkennt (wie auch NbR 5,7f.; Erm 11,2f.; Min 9-12. 15) die Versuchung, angesichts der Sünde des Bruders sich zu erzürnen, als sei sie nicht gegen Gott, sondern gegen sich selbst gerichtet. Niemals sollen die Brüder selbstgefällig einen solchen Fall an die große Glocke hängen, sondern vielmehr dem betroffenen Bruder in aller Diskretion helfen, seine Sündhaftigkeit zu überwinden. Allerdings erscheinen einige Anweisungen von Franziskus selbst gegenüber den gegen die Katholizität sündigenden Brüdern (vgl. Ord 44; Test 31-33) als so aggressiv und hart, dass sie schwerlich mit der hier geforderten *compassio* in Einklang zu bringen sind.

VIII. Von der Wahl des Generalministers dieser Bruderschaft und vom Pfingstkapitel

1. Alle Brüder sollen gehalten sein, immer einen von den Brüdern dieses Ordens als Generalminister und Diener der gesamten Bruderschaft zu haben, und sollen streng gehalten sein, ihm zu gehorchen.

Die verschiedenen im Rahmen der Armutsbewegung entstandenen Gruppen sammelten sich zwar um einen charismatischen Anführer, kannten sonst jedoch kaum hierarchische Strukturen, was ihre Kontrolle durch die römische Kurie erschwerte. Anders die Minderbrüder. Nach dem Ausweis von Gef 52 leistete bereits 1210 Franziskus dem Papst Gehorsam, während, auf Geheiß von Innozenz III., sich die anderen Brüder zum Gehorsam gegenüber Franziskus verpflichteten (vgl. ähnlich NbR Prol). Die Aufteilung des Ordens in Provinzen und Kustodien seit 1217 minderte zwar die Zentralgewalt des Generalministers, dieser hatte jedoch immer noch die Oberaufsicht, war er es doch, der die Provinzialminister ein- oder absetzte (vgl. 1 C 48. 77, sowie Jord 9 und Eccl I). Franziskus selbst entglitt die Leitung des Ordens seit 1220 mehr und mehr, und er beschränkte sich weitgehend auf seine charismatische Beispiel-Funktion. In der Folgezeit war der römischen Kurie ein starker Generalminister wichtiger als den Brüdern selbst, die vor allem die Selbstherrlichkeit von Elias von Cortona beklagten. Die wenigen Zeilen unserer Regelbestimmung jedoch scheinen von diesen Konflikten noch unberührt zu sein.

Man muss sich vor Augen halten, dass ja Franziskus selbst noch als Autorität im Hintergrund Garant für die Stabilität des Ordens blieb. Für die für das Amt des Generalministers geforderten Qualitäten siehe 2 C 184ff.

> *2. Tritt er ab, so geschehe die Wahl des Nachfolgers von den Provinzialministern und Kustoden auf dem Pfingstkapitel, zu dem die Provinzialminister gehalten sein sollen, stets zusammenzukommen, wo immer der Generalminister wird festgelegt haben; und das einmal in drei Jahren oder zu einem anderen, späteren oder früheren Zeitpunkt, so wie es der genannte Minister wird verordnet haben.*
>
> *Und sollte jemals der Gesamtheit der Provinzialminister und Kustoden offenbar werden, der erwähnte Minister sei zum Dienst und gemeinsamen Wohl der Brüder unzureichend, sollen die genannten Brüder, denen die Wahl zusteht, gehalten sein, sich im Namen des Herrn einen anderen zum Oberen (in custodem!) zu wählen.*

Auch zur Funktion der Kapitel werden nur spärliche Angaben gemacht. Diese Institution bestand bereits seit den Anfängen der Bruderschaft. Die drei Gefährten sprechen gar von zwei jährlichen Kapiteln bei der Portiunkula, zu Pfingsten und zum Erzengelfest (Gef 57). Es geht auf diesen Kapiteln vorrangig um die Fortschreibung der internen Gesetzgebung, sowie um die personelle Besetzung der Entitäten (in der BR kommt die eventuelle Absetzung und Neuwahl des Generalministers hinzu). Diesen Befund bestätigt Jakob von Vitry in seinen Briefen und in seiner Historia occidentalis. Die Regel von 1221 dagegen differenziert. Sie kennt neben dem jährlichen Provinzkapitel zwei Arten von Generalkapiteln bei der Portiunkula: das jährliche, lediglich von den italienischen Provinzen besuchte, sowie das von allen Ministern besuchte Pfingstkapitel alle drei Jahre (NbR 18). Wahrscheinlich war das von Jordan von Giano beschriebene Kapitel von 1221 das letzte Pfingstkapitel, dessen Besuch allen Brüdern offen stand. Auch die Klararegel kennt übrigens die Absetzung der Äbtissin durch das Schwesternkapitel (KlReg 4,5).

> *3. Nach dem Pfingstkapitel aber können die einzelnen Minister und*

Kustoden, wenn sie wollen und es für nützlich erachten, noch im gleichen Jahr ihre Brüder in ihren Kustodien einmal zum Kapitel zusammenrufen.

Da ein Generalkapitel für alle Brüder wegen der großen Entfernungen nicht mehr statthaft ist, wird nun also ein Provinzkapitel alle drei Jahre nahe gelegt. Dort können, auf regionaler Ebene, die Beschlüsse des Generalkapitels durchgeführt werden. Nach NbR 18 konnten dort noch alle Brüder teilnehmen, was in der Praxis wohl nicht immer geschah oder geschehen konnte (vgl. Jord 26f.). Nach der Absetzung des Elias von Cortona als Generalminister setzte sich die Praxis durch, die Provinziale vom Provinzkapitel wählen zu lassen (vgl. Jord 69 und Eccl XIV).

Insgesamt verdeutlicht dieses Regelkapitel, dass die Minderbrüder in Leitungsfragen eine Mittelposition einnahmen zwischen den hierarchiefeindlichen Laienbewegungen und den alten monastischen Orden mit ihrer aristokratischen Leitungsstruktur.

IX. Von den Predigern

Dieses Kapitel normiert die charakteristischste Aktivität der franziskanischen Bewegung, die evangelische Predigt – verstanden zugleich als integraler Bestandteil der Nachfolge Christi und als kirchlicher Dienst. Zum Zeitpunkt der Abfassung der Regel war die Predigt bereits ein Dienst, der nicht von allen, sondern nur von einem fest umschriebenen Kreis von Brüdern geleistet werden konnte.

1. Die Brüder sollen im Bistum eines Bischofs nicht predigen, wenn es ihnen von diesem untersagt worden ist.
Und auf keine Weise getraue sich irgendein Bruder, dem Volke zu predigen, er sei denn vom Generalminister dieser Brüderschaft geprüft und bestätigt und es sei ihm von diesem das Predigtamt gestattet worden.

Zwei wichtige Bedingungen für die Predigttätigkeit werden genannt: das Einverständnis des Bischofs und die Erlaubnis des Generalministers.

a) Sie sollen nicht gegen den Willen des Bischofs predigen

Diese Weisung entspricht den Auflagen des Laterankonzils, muss aber auch im Kontext der Praxis gesehen werden. Im frühen Mittelalter war die Predigt alleinige Aufgabe der Hierarchie, und die Gegner der Mendikanten wollten diese in die Konvente zurückdrängen: Der Ordensmann gehöre ins Kloster und nicht auf die Kanzel. Jedoch bereits die Armutsbewegung entdeckte die Predigt als eine Forderung des radikalen evangelischen Wanderlebens, und die römische Kurie wusste diese neuen Kräfte bei der Häretikerbekämpfung einzusetzen. Freilich blieb die öffentliche Predigt an die Erlaubnis durch den Ortsbischof, sowie im Falle der dogmatisch relevanten Predigt, an die Weihe gebunden.

In diesem Kontext gehen Franziskus und seine Gefährten 1210 nach Rom und erhalten die Erlaubnis zur Bußpredigt; die Tonsur macht sie zu Klerikern (LM 4,10). Franziskus selbst dagegen bestellt die Prediger lediglich aufgrund ihrer Eignung (Gef 59). Die Regel von 1221 behält die Unterscheidung der dogmatischen und der Bußpredigt bei (NbR 17 und 21). Die klerikalen Predigerbrüder scheinen hier und da eine Vorrangstellung gehabt zu haben: Nach Jord (37. 51) bilden sie eine eigene Gruppe, die an den Provinzkapiteln teilnimmt.

Franziskus selbst suchte den Kontakt zur Hierarchie und forderte die Brüder auf, vor der Predigt auch die Zustimmung des zuständigen Pfarrers einzuholen (Test 7). Die Quellen verschweigen jedoch nicht die gegenteilige Ansicht einiger Brüder, die auch trotz bischöflicher Weigerung predigen wollen (Per 20). In der Folgezeit erbaten sich die Minderbrüder denn auch päpstliche Schutzschreiben, welche den Predigtdienst in den Ortskirchen erleichtern sollten und die Brüder vom Willen der Ortsbischöfe nahezu unabhängig machten.

b) Sie sollen nicht ohne Erlaubnis des Generalministers predigen

In der Tat nahm Franziskus zunächst auf den Kapiteln persönlich die Auswahl und Approbation der ordenseigenen Prediger wahr (Gef 51. 59). Die NbR gibt dazu auch den Provinzialministern die Befugnis

(17,1). Die verschärfte Anweisung der Regel von 1223 jedoch war fast schon anachronistisch angesichts der vielen Kandidaten, die der Generalminister unmöglich alle selbst examinieren konnte (wenn er sich nicht einfach mit einer schriftlichen Erlaubnis zufrieden geben wollte). Entsprechend autorisierte Papst Gregor IX. den Minderbrüderorden 1240, zur Praxis von 1221 zurückzukehren.

> *2. Ich warne auch und ermahne diese Brüder, dass sie in der Predigt, die sie halten, wohlbedacht und lauter reden sollen zum Nutzen und zur Erbauung des Volkes, indem sie zu ihnen sprechen von den Lastern und Tugenden, von der Strafe und Herrlichkeit mit Kürze der Rede, weil der Herr auf Erden sein Wort kurz gefasst hat.*

Die Predigtanweisung der vorausgehenden NbR macht deutlich, dass Leben und Predigt im Einklang stehen müssen und dass die Predigt keineswegs zur Selbstdarstellung oder als Machtmittel missbraucht werden darf (NbR 17). In der Tat sind gerade die Prediger dieser Versuchung ausgesetzt, die der geforderten Armut und Demut entgegensteht (vgl. Erm 7). Es geht nicht um den Prediger, sondern um das Heil seiner Hörer.

X. Von der Ermahnung und Zurechtweisung der Brüder

Die sich aus dem gegenseitigen Gehorsam ergebenden Beziehungen bilden das Netzwerk, das die Wandergemeinschaft der Anfänge zusammenhält. Gegenüber dem strikt vertikal verstandenen Gehorsam der monastischen Tradition betont Franziskus mehr die Verantwortung aller Brüder gegenüber dem gemeinsamen evangelischen Projekt. Niemand, weder die Minister noch die einfachen Brüder, können es sich erlauben, sich dem evangelischen Versprechen gegenüber zu verfehlen. Allesamt müssen sie stets Gewissenerforschung betreiben, um in der Treue zu den Anforderungen des Evangeliums zu wachsen.

> *1. Die Brüder, die Minister und Diener der anderen Brüder sind, sollen ihre Brüder aufsuchen und ermahnen und sie in Demut und*

Liebe zurechtweisen, ohne ihnen etwas zu befehlen, was gegen ihre Seele und unsere Regel wäre.

Die Brüder aber, die Untergebene sind, sollen beherzigen, dass sie um Gottes willen dem eigenen Willen entsagt haben. Daher gebiete ich ihnen streng, dass sie ihren Ministern in allem gehorchen, was sie zu halten dem Herrn versprochen haben und was nicht ihrer Seele und unserer Regel zuwider ist.

Die erste Aufgabe des Ministers ist es, die Brüder aufzusuchen und sie in der evangelischen Lebensform zu bestärken (vgl. REins 9). Der Minister ist hier weit davon entfernt, sich als das Sprachrohr Gottes zu verstehen, so wie es die monastische Tradition nahe legt. Er ist vielmehr Garant und Animator für den Zusammenhalt einer Gruppe, die sich auf der Basis gleicher Werte zusammen gefunden hat. Die sehr sorgfältige, fast penetrante Beobachtung der Provinzialminister durch ihre Untergebenen, so wie sie NbR 5 vorsieht, fällt weg; allerdings kann der Generalminister abgewählt werden. Die Aufgabenverteilung ist eindeutig: Die Minister üben einen karitativen Dienst an den Brüdern aus, jene haben im Rahmen der Vorgaben der Regel zu gehorchen (vgl. den Kadavergehorsam in 2 C 152). Die Entwicklung von der Bruderschaft zum weltweit agierenden Orden bringt diese Verschiebung mit sich: Die Gestaltung der Beziehungen der Brüder untereinander nehmen immer mehr Maß am traditionellen Modell der Ordensgemeinschaften.

2. Und wo immer Brüder sind, die wüssten und erkännten, dass sie die Regel nicht geistlich beobachten können, sollen und können sie zu ihren Ministern Zuflucht nehmen. Die Minister aber sollen sie liebevoll und gütig aufnehmen und ihnen mit so großer Herzlichkeit begegnen, dass sie mit ihnen reden und tun können wie Herren mit ihren Knechten. Denn so soll es sein, dass die Minister die Knechte aller Brüder sind.

In diesem Abschnitt geht die Initiative von den Untergebenen aus, denen es aus irgendeinem Grund unmöglich erscheint, die Regel gemäß ihrem Geist zu beobachten. Zwei Briefe des Franziskus (Min, Leo) scheinen eine solche persönliche Notlage vorauszusetzen. Im ersten Fall weist Franziskus dem geplagten Bruder eine andere Sicht der Dinge auf, im zweiten Brief verweist Franziskus Leo an seine eigene Verantwortlichkeit und Entscheidung. Auch die von der fruchtlosen Mission in Deutschland und Ungarn zurückkehrenden Brüder müssen erkennen, dass sie dort nicht die Regel leben können (Jord 5f.). Die Brüder wenden sich in ihrer Not an den Generalminister als den Garanten des Lebensprojektes. Seine empathischen Fähigkeiten in dieser Situation beschreibt 2 C 185. Im Folgenden wird nochmals verdeutlicht, warum der franziskanische „Obere" eben keine übergeordnete Stelle einnimmt. „Prior" ist er allenfalls darin, dass er den anderen im Dienst vorangeht. Somit wird das oben Gesagte eingeschränkt: Der Minister diktiert nicht seinen oder den göttlichen Willen; nur zu oft schlüpft er selbst in die Rolle des Hörenden, des den Bruder in Not Anhörenden.

3. Ich warne aber und ermahne im Herrn Jesus Christus, dass die Brüder sich hüten mögen vor allem Stolz, eitler Ruhmsucht, Neid, Habsucht, der Sorge vor dem geschäftigen Treiben dieser Welt, vor Ehrabschneiden und Murren; und die von den Wissenschaften keine Kenntnis haben, sollen nicht danach trachten, Wissenschaften zu erlernen. Sie sollen vielmehr darauf achten, dass sie über alles verlangen müssen, zu haben den Geist des Herrn und sein heiliges Wirken, immer zu Gott zu beten mit reinem Herzen, Demut zu haben, Geduld in Verfolgung und Schwäche und jene zu lieben, die uns verfolgen und tadeln und beschuldigen; denn der Herr sagt: Liebet eure Feinde und betet für jene, welche euch verfolgen und verleumden. Selig, die Verfolgung leiden um der Gerechtigkeit willen, denn ihrer ist das Himmelreich. Wer aber ausharrt bis ans Ende, der wird gerettet werden.

Alles, was in diesem Kapitel über das Verhältnis der Minister zu ihren übrigen Brüdern gesagt wurde, ist auf dem Hintergrund eines allgemeinen Klimas der Minorität zu verstehen, wie es in diesem letzten Abschnitt umschrieben wird. Es wird hier allem eine Absage erteilt, was „in der Welt" zur Selbstbehauptung und Selbstdarstellung dient. All das jedoch behindert in uns die Öffnung gegenüber Gott und seinem Geist, der allein in uns das Werk wahrer Humanisierung wirken kann. Ein ähnlicher Lasterkatalog findet sich in der Regel des Heiliggeist-Ordens. Der größere Zusammenhang dieser Aussagen, nämlich der ständige Kampf zwischen

Geist und Fleisch, wird ausgiebig in NbR 17 und 18 verhandelt. Auffällig ist hier noch das Verbot, nach Kenntnissen in den Wissenschaften zu trachten. Es handelt sich eindeutig um eine bis zuletzt durchgetragene, eher nostalgische Position des Franziskus (vgl. Test 19). Der Zielpunkt aller dieser moralischen Anstrengungen ist jedoch das Ausharren in der Gottessuche und das Leben in seiner Gegenwart (vgl. NbR 22f.). Nur die Erfahrung der Einwohnung des dreifaltigen Gottes verwandelt die ganze Existenz des Menschen derart, dass er selbst Krankheit und Verfolgung als Etappen auf dem Weg der Nachfolge Christi wahrzunehmen weiß.

XI. Dass die Brüder die Klöster der Nonnen nicht betreten sollen

Ich befehle streng allen Brüdern, keine Verdacht erregenden Beziehungen oder Beratungen mit Frauen zu haben und die Klöster der Nonnen nicht zu betreten, jene Brüder ausgenommen, denen vom Apostolischen Stuhl eine besondere Erlaubnis erteilt worden ist. Weder sollen sie eine Patenstelle bei Männern oder Frauen übernehmen, noch entstehe bei solcher Gelegenheit unter den Brüdern oder durch die Brüder ein Ärgernis.

Das vorliegende Kapitel versteht sich gleichsam als Anwendungs- oder Ausführungsbestimmung des Keuschheitsgelübdes, das im Gesamt der franziskanischen Lebensform zwar verankert ist, jedoch keine herausragende Stellung einnimmt. Wenn Franziskus auch an der pessimistischen Sicht der Sexualität des Mittelalters teilhat (besonders gegen Ende seines Lebens), so bringt er hier doch sein eigenes Verständnis ein. So ist sein Verhältnis zu Frauen immerhin von ritterlicher Höflichkeit bestimmt. Zudem ist sein Verständnis der Keuschheit über den körperlichen Aspekt hinaus sehr weit gefasst und im umfassenderen Begriff der *puritas* verankert, jener Transparenz im Sein und Handeln vor Gott. Die Keuschheit ist Ausdruck des sich Ausstreckens nach dem Transzendenten, das alles Irdische ins zweite Glied rücken lässt (vgl. Erm 16,2; 2 Gl 14; NbR 22,26).

a) Das Verhältnis zu Frauen

Die gesamte Mönchstradition sah in der Frau die Verführerin, von der es sich fernzuhalten galt. Die Armutsbewegung brach mit dieser Sicht, da Frauen unter die Wanderprediger aufgenommen wurden, wenn auch viele dieser Gruppen von der Kurie wiederum kanalisiert wurden und in traditionellere Formen des Ordenslebens einmündeten (inklusive die bekannte Organisationsform der Doppelklöster). Die Gruppen, die ein solches Abrücken von ihrer ursprünglichen Intuition verweigerten, setzten sich dem Häresieverdacht aus.

Die Minderbrüder schienen bereits früh ihre Vorkehrungen getroffen zu haben, um dem Verdacht eines zweifelhaften Umgangs mit Frauen zu entgehen. 1216 berichtet Jakob von Vitry von je eigenen Häusern für die minderen Brüder und Schwestern. Die NbR ist wie stets ausführlicher in der Konkretisierung und liefert nicht nur Beispiele, sondern auch einige biblische Begründungen für die geforderte Keuschheit (NbR 12,1-6). Die umfassendere Behandlung des Themas 1221 macht aber auch deutlich, dass die Brüder zumal bei ihren Reisen tatsächlich viel Kontakt zu Frauen hatten und dabei leicht in Schwierigkeiten gerieten. Dies konnte z. B. bei einem seelsorgerlichen Abhängigkeitsverhältnis geschehen, das hier bewusst untersagt wird, trotz des gegenteiligen Verhaltens des Franziskus selbst (Klara und Praxedis!).

b) Beziehungen zu Ordensfrauen

Der Zutritt zu Schwesternhäusern ist gemäß den allgemein gültigen kanonischen Bestimmungen geregelt, zeigt aber zugleich die Schwierigkeit, adäquat der versprochenen Sorge um die Damianitinnen zu entsprechen (KlReg 2). Die Regel von 1221 kannte ja noch keine derartige Bestimmung. Konkret hatte Franziskus nur für San Damiano weit reichende Versprechungen gemacht und Klara wohl die insgesamt vier Minderbrüder zugestanden, die sie in ihrer Regel fordert (KlReg 12,5). Entsprechend heftig reagiert Franziskus, als während seiner Abwesenheit Bruder Philippus sich den Schwestern als Kaplan und Schutzherr aufdrängt (vgl. Jord 14). Die Regelerklärung von 1230 verschärft die Bestimmungen noch, was Klara auf den Plan ruft und in den Hungerstreik treibt (LebKl 37). Wenn man Celano Glauben schenken darf, so war für Franziskus ein zu engagiertes Eintreten für die Schwestern stets verdächtig oder zumindest unvorsichtig (vgl. 2 C 205-207). Ob das so auch mit der Realität übereinstimmt, lässt sich nur noch schwer ausmachen.

c) Beziehungen geistlicher Vaterschaft

Wie könnte nun eine Patenschaft dem Keuschheitsgelübde entgegenstehen? Der gewählte Term *compatres* verweist weniger auf die Beziehung zum Patenkind, als vielmehr auf die Beziehung zu dessen Eltern. Hier könnte eine zu große Nähe zu den Eltern – und somit auch zur Mutter des Kindes – entstehen, die zwar nicht unbedingt skandalträchtig, aber doch nur schwer zu vereinbaren ist mit einem Leben in der Nachfolge Christi, das auch durch die Loslösung von zu festen Familienbanden charakterisiert ist.

XII. Von denen, die unter die Sarazenen und andere Ungläubige gehen

Die beiden im letzten Regelkapitel behandelten Themen scheinen ohne innere Verbindung zu sein. Jedoch, die missionarische Berufung, welche die Bereitschaft zum Martyrium mit einschließt, ist auch eine zutiefst kirchliche Berufung.

1. Alle Brüder, die auf göttliche Eingebung hin unter die Sarazenen oder andere Ungläubige gehen wollen, sollen dazu von ihren Provinzialministern die Erlaubnis erbitten. Die Minister aber sollen nur denen die Erlaubnis zu gehen erteilen, die sie tauglich finden, geschickt zu werden.

Die Beziehungen der Christenheit zu den Nichtchristen waren seit Ende des 11. Jahrhunderts von kriegerischen Auseinandersetzungen gezeichnet. Seit Beginn seines Pontifikates (1198-1216) forderte Innozenz III. als vorrangige Aufgabe die Rückeroberung der Heiligen Stätten. Das 4. Laterankonzil (1215) rief zum fünften Kreuzzug auf. Ansatzweise kam auch das Motiv der Evangelisierung zum Zuge. Jedenfalls wirkte der

Gedanke der Buß- und Bekehrungspredigt vor den Muslimen bereits früh auf Franziskus, wie seine Reiseversuche nach Syrien und Marokko belegen (vgl. 1 C 55f.). Bereits vor seiner Orientreise besaßen die Minderbrüder in Syrien eine stabile Präsenz.

Der missionarischen Lebensform des Evangeliums verpflichtet, geht Franz selbst nach Ägypten als Zeuge Christi und mit der Bereitschaft, durch das Martyrium Zeugnis zu geben von Jesu großer Liebe. Seine Reiseerfahrungen finden ihren Niederschlag im Text von NbR 16, wenn hier auch nicht das Martyrium im Vordergrund steht, sondern die im besten Sinne provokative Präsenz unter den Sarazenen. Es geht nicht darum, blindlings ins Martyrium um jeden Preis zu rennen, sondern die Zeichen der Zeit zu lesen und sich vorsichtig zu verhalten. Von alledem berichtet die BR nichts. Der Provinzialminister prüft diese besonders qualifizierte Berufung einzelner Brüder, die in der Folgezeit jedoch so sehr geplant und mit der römischen Kurie abgestimmt ist, dass die Gefahr zum Martyrium immer weniger besteht.

2. Außerdem befehle ich den Ministern im Gehorsam, vom Herrn Papst einen aus den Kardinälen der heiligen Römischen Kirche zu erbitten, der diese Brüderschaft lenke, in Schutz und in Zucht nehme, auf dass wir allezeit den Füßen dieser heiligen Kirche untertan und unterworfen, feststehend im katholischen Glauben, die Armut und Demut und das heilige Evangelium unseres Herrn Jesus Christus beobachten, was wir fest versprochen haben.

Die Bitte um einen Kardinalprotektor erfolgte gleich nach Franziskus' Rückkehr aus dem Orient (vgl. Jord 14). Diese Institution war eine Neuheit im Ordensleben, abgesehen von Hugolinos eigenem Schwesternorden (1218/19). Die Rolle Hugolinos wurde immer kontrovers beurteilt. Nur C und abgeschwächt Gef und Per bieten überhaupt ein Profil von Hugolino und seinen Beziehungen zu Franziskus. Auch ist nicht klar, ob die Initiative zur Schaffung dieser kurialen Verbindungsposition überhaupt von Franziskus ausging (wenn ja, warum fehlt ein entsprechender Passus in der NbR?). Den drei Gefährten nach war es Hugolino, der sich dazu anbot (Gef 61). Wie bekannt, sah Sabatier darin gar einen Schachzug vonseiten der römischen Kurie, die aus der Itinerantengemeinschaft einen steuerbaren Klerikerorden machen wollte. Wie dem auch sei, das Amt des Kardinalprotektors passte gut in das kuriale Vorhaben, sich direkte Steuerungsmöglichkeiten innerhalb der neuen Orden vorzubehalten, um ein Abgleiten in Häresie zu vermeiden. Darin bestand das Drama des Franziskus: Er brauchte den Schutz der römischen Kurie für sein durch und durch als kirchlich verstandenes Projekt der evangelischen Nachfolge, war damit jedoch auch Eingriffen ausgesetzt, die nicht immer von einem Verständnis für die Neuheit und innerkirchliche Sprengkraft des Vorhabens zeugten. Die Frage ist in der Tat nicht so sehr diejenige, ob die Initiative von Franziskus oder von Hugolino ausging, sondern, ob Hugolino diese Stellung nicht für kuriale Zwecke missbrauchte. Einmal bevollmächtigt, verstand es Hugolino, den jungen Orden in die Pläne der römischen Kirche einzubinden und ihm so auf Dauer Bestand zu gewähren. Andererseits geschah dies mithilfe einer doch recht einschneidenden Modifikation des ursprünglichen Charismas.

Der Regel gemäß soll der Protektor den Orden lenken, schützen und korrigieren. Das entspricht in etwa dem Text des Testamentes, demzufolge der Herr von Ostia Herr, Beschützer und Verbesserer der Gemeinschaft ist (Test 33). Trotz aller Nachteile und Unwägbarkeiten symbolisierte der Kardinalprotektor jene kirchliche Anbindung, ohne die eine echte evangelische Option nicht glaubwürdig lebbar gewesen wäre.

Schluss

Am Ende dieses Parcours stellt sich nicht mehr so sehr die Frage, ob die BR von 1223 den reifen Ausdruck des franziskanischen Charismas oder im Gegenteil dessen Abwertung durch die juridische Konditionierung vonseiten der Amtskirche darstellt. Die Frage muss vielmehr lauten: Wie formuliert die Regel das Charisma, und was stellt sie dar innerhalb der religiösen Ströme, welche zu Beginn des 13. Jahrhunderts die Dynamik der Kirche ausmachen?

Die Regel von 1223 ist Ausdruck einer Bruderschaft, die es – vom Gründercharisma inspiriert – unternommen hat, sich zu organisieren und ihre Identität innerhalb der kirchlichen Koordinaten zu finden. Dieser Weg verlief nicht glatt, er war zuweilen steinig, lässt sich aber an mehreren Stellen noch gut nachvollziehen. Eine Regel bietet die Möglichkeit, zu einem bestimmten Zeitpunkt das Leben zu objektivieren, das

Franziskus umtrieb und das sich die Gemeinschaft zu Eigen machte. Von daher können das Propositum von 1210 und die BR von 1223 auch nicht in allem übereinstimmen.

Als direkter Vergleichspunkt für die eingetretene Wandlung bleibt uns jedoch nur die Regel-Redaktion von 1221. Die NbR (trotz ihrer Fertigstellung erst nach den Tumulten um 1220) zeugt von der Frische des evangelischen Lebensentwurfs der frühen Bruderschaft. In ihr spricht sich eine Bruderschaft aus, die auf den Straßen lebt, eine entbehrungsreiche Armut auf sich nimmt, die in Bettel und Handarbeit ihre ökonomische Basis hat und ohne große kirchlich-klerikale Interventionen ihr Leben frei gestaltet. Der Gang nach Rom 1210 zeigt deutlich, dass sich die Minderbrüder bewusst als eine kirchliche Gruppe verstanden, jedoch ausdrücklich aus der Perspektive der laikal orientierten *minoritas* und all dem, was sich daraus ergibt. Das rasche Anwachsen der Bruderschaft sowie ihr größeres Gewicht innerhalb von Kirche und Gesellschaft erforderten eine stärkere Normierung des Lebensentwurfs, um der Gemeinschaft Bestand zu verleihen. Ihre Inkorporation in das kirchliche Gefüge ging freilich mit der Anerkennung von Gesetzen und Organisationsformen einher, welche die Fähigkeit einschränkten, sich nach der Maßgabe des ursprünglichen Projektes zu organisieren. In der Regel von 1221 treffen daher ganz unterschiedliche Verhaltensweisen und Regelungen aufeinander, die mal einfach und eher unbedarft, ein andermal restriktiv den Lebensentwurf zu normieren suchen. Die NbR ist der erste evolutive Sprung, den die Gemeinschaft in ihrem überlebenswichtigen Bemühen machte, sich der sozialen wie kirchlichen Situation anzupassen.

Die Regel von 1223 steht für den Moment, da die Bruderschaft für ihre offizielle Inkorporation in die römische Kirche optiert, mitsamt ihrem strukturellen Koordinatensystem. Um als kirchlicher Orden anerkannt zu werden, tritt die Bruderschaft nun endgültig aus dem Strom der laikalen Armutsbewegungen heraus. Franziskus war dieser Vorgang bewusst. Auch wenn so seine eigentliche Intuition der evangelischen Lebensform immer mehr den Formen des traditionellen Ordenslebens angeglichen wurde.

Wir können abschließend dies über die Regel von 1223 sagen: Sie enthält das Charisma des Franziskus in dem Maße, wie es einer Bruderschaft möglich war, die sich dazu entschlossen hatte, sich in den kirchlichen Rahmen zu integrieren. Diese Option war jedoch zugleich die Absage an die ursprüngliche Lebensform, die Franziskus selbst als möglich erachtet hatte und welche die Bruderschaft in ihren Anfängen doch bis zu einem gewissen Grad auch verwirklicht hatte und von der die Regel von 1221 noch zeugt.

Zusammenfassender Kommentar
von Benedikt Mertens ofm

Der hier nur knapp zusammengefasste Regelkommentar (134 Seiten) entspricht in etwa dem Kommentar, den Eßer im Werkbuch[3] vorgelegt hat (S. 127-258), geht an manchen Stellen jedoch weit über diesen hinaus. Seine Stärke ist sicherlich die Kontextualisierung der Regel, indem vergleichende Zeugnisse nicht nur aus den franziskanischen Quellen, sondern auch aus den Bestimmungen zeitgenössischer Orden und Bewegungen zur Exegese herangezogen werden. Zu gewissen Fragen kann der Autor sich auf die Literatur nach Eßer stützen. Im Ganzen ist der Kommentar freilich viel mehr historisch-kritisch als etwa spirituell oder aktualisierend. Er versucht die interne Entwicklung des jungen Ordens und seiner Gesetzgebung nachzuzeichnen und sie zu interpretieren. Allerdings muss auch er bekennen, dass diese Entwicklung im Einzelnen nicht linear verlief und im Letzten auch nicht immer durch die Gesetzestexte verständlich wird. So sind und bleiben einige Aussagen z. B. des Testamentes doch recht sperrig und widerlegen die These, die Bruderschaft als Ganze habe sich gegen den Willen des Franziskus mit der BR endgültig von den Idealen des Franziskus verabschiedet, in dem sie sich blauäugig oder aber im Gegenteil mit Kalkül der römischen Kurie „an den Hals geworfen" hätte. Gerade das Testament zeigt die bleibende Spannung auf, in der sich Franziskus – wie der Autor das richtig sieht – befand: Seine evangelische Lebensform wurde ihm zwar unabhängig von kirchlichen Interventionen oder Vorgaben offenbart (Test 14), anschließend unterstellt er sich jedoch der Kirche, um eben diesen Lebensentwurf institutionell absichern zu lassen (Test 6f. 15. 33). Dass die hier nochmals beschworenen Anfänge nun der Vergangenheit angehören, liegt in der von Franz selbst angestoßenen oder zumindest weithin mitgetragenen Entwicklung begründet.

---

[3]   Vgl. die Bibliografie in diesem Band unter Nr. 48.

Manchmal hätte man dem Kommentar mehr Nähe zum Text gewünscht. Er behandelt und klärt nicht alle Fragen, die sich dem weniger kundigen Leser stellen.

Die Bullierte Regel im Licht
der Heiligen Schrift

von Volker Stadler ofm

„Die Schrift nicht kennen, heißt Christus nicht kennen". Mit diesem Zitat des Kirchenlehrers Hieronymus ermutigte Papst Johannes Paul II. in seinem Schreiben *novo millennio ineunte*, den Herrn Jesus Christus in der Heiligen Schrift zu suchen und zu betrachten (Nr. 17). Für das 3. Jahrtausend schlug der Papst pastorale Prioritäten vor, die sich alle an dem Einen orientieren, an Jesus Christus, der das eigentliche „Programm" der Kirche ist (Nr. 29). Ein besonderes Augenmerk soll auf ein „erneuertes Hören des Wortes Gottes" gelegt werden (Nr. 39). Um in der Evangelisierung Diener des Wortes zu sein, müssen wir uns vom Wort „nähren", das in uns den ursprünglichen Eifer der Apostel zu entzünden vermag. Einen ähnlichen Schwerpunkt wird die Weltbischofssynode 2008 mit dem Thema *Wort Gottes* setzen.

Das Schlussdokument des Generalkapitels der Minderbrüder von 2003 *Der Herr gebe euch den Frieden* verweist auf die Bedeutung der Evangelisierung im Dienste der Kirche für unsere Bruderschaft.[1] Die Brüder wollen Diener der Frohen Botschaft Gottes sein, die gratis empfangen wurde und gratis weitergegeben werden soll (Nr. 37). Ebenso unterstreichen die fünf Prioritäten franziskanischen Lebens die Wichtigkeit der Betrachtung und der Verkündigung des Wortes Gottes.[2]

In diesem Sinne will dieser Beitrag anhand der Ordensregel der biblischen Verankerung des heiligen Franziskus von Assisi nachgehen. Denn obwohl eine Regel gewöhnlich den Charakter eines juridischen Textes aufweist, kann man an den vielen direkten und indirekten Bibelbezügen feststellen, wie sehr Franziskus das Wort Gottes hinein verwoben hat. Schon der erste Regelsatz macht deutlich, wie nachdrücklich die franziskanische Identität auf der Heiligen Schrift aufbaut, wie unentbehrlich Wort und Beispiel Christi zum Leben des Minderbruders gehören. So soll nachfolgend eine erste Einführung in die biblische Verwurzelung

---

[1] Das Dokument zitiert Ord 9: „Denn dazu hat er euch in alle Welt gesandt (vgl. Tob 13,4), dass ihr durch Wort und Werk seiner Stimme Zeugnis gebt und alle wissen lasst, dass 'niemand allmächtig ist außer ihm'" (Tob 13,4).

[2] Vgl. Nachfolger Christi für eine brüderliche Welt. Leitfaden zur Vertiefung der Prioritäten des Ordens der Minderbrüder (2003 – 2009), Generalkurie OFM. Rom 2004.

der Ordensregel geschehen, um an anderer Stelle auch einmal die weiteren Franziskusschriften unter diesem Aspekt zu „lesen". Diese Untersuchung geht nicht zuletzt auf einen Hinweis bei Franziskus zurück, der von der Regel als dem „Mark des Evangeliums" spricht (2 C 208).[3]

Die Bedeutung der Heiligen Schrift im Leben des hl. Franziskus

Franziskus von Assisi legte großen Wert auf die Kenntnis der Heiligen Schrift und bemühte sich, seine Brüder darin einzuführen. Wer wie er von der Liebe Christi ergriffen ist, drängt danach, immer mehr den Herrn zu erkennen. Diese Sehnsucht gab Franziskus seinen Brüdern mit, wie man schon im Anfangsvers der Regel lesen kann. Verständlich wird dies, da an lebenswendenden Ereignissen des Heiligen das Wort Gottes nachhaltig eingegriffen hat. Im Jahre 1208 erhielt er durch die in der Eucharistiefeier gelesene Aussendungsrede Jesu einen neuen Impuls für seine Lebensweise (1 C 22).[4] Als die ersten Gefährten zu ihm kamen, wurde das Evangelium befragt, den weiteren gemeinsamen Weg zu weisen (LM III,3; Gef 28f.).[5] Franziskus von Assisi suchte im Buchstaben des Wortes seinen Herrn und Meister, um Ihm in seinem Leben in Treue nachzufolgen und Ihm ähnlich zu werden. Nach Test 39, wo er eine Anleitung zum Regelverständnis gibt – diese nämlich „einfältig" zu verstehen und mit „heiligem Wirken" zu beobachten – möchte er das Wort Gottes in Einfachheit als Geschenk in der Treue zum Heiligen Geist aufnehmen und leben. Nach Ihm und seinem heiligen Wirken soll sich der Minderbruder ausstrecken, wie Franziskus in BR 10,7f. betont. Eine geistliche Schriftlesung muss immer mit einem zur Umkehr bereiten

---

[3]   Thomas von Celano, Zweite Lebensbeschreibung. In: Thomas von Celano, Leben und Wunder des heiligen Franziskus von Assisi. Einführung, Übersetzung, Anmerkungen Engelbert GRAU. Werl/Westf. [5]1994 (FQS, 5) 217-416 (= 2 C).

[4]   Thomas von Celano, Erste Lebensbeschreibung. In: Thomas von Celano, Leben und Wunder des heiligen Franziskus von Assisi. Einführung, Übersetzung, Anmerkungen Engelbert GRAU. Werl/Westf. [5]1994 (FQS, 5) 73-216 (= 1 C).

[5]   Legenda maior des hl. Bonaventura. In: Franziskus. Engel des sechsten Siegels. Sein Leben nach den Schriften des hl. Bonaventura. Einführung, Übersetzung, Anmerkungen Sophronius CLASEN. Werl/Westf. 1962 (FQS, 7) (= LM); Die Dreigefährtenlegende des heiligen Franziskus von Bruder Leo, Rufin und Angelus. Einführung, Übersetzung, Anmerkungen von Engelbert GRAU, und Anonymus Perusinus. Übersetzung Hanspeter BETSCHART. Werl/Westf. 1993 (FQS, 8) (= Gef).

Herzen geschehen, damit sie im Leben Frucht bringen kann. Im Hören und Lesen des Gotteswortes vollzieht sich eine aktuelle Begegnung mit Christus, dem ewigen Wort des Vaters. ER ist der wesentliche Grund und die Mitte der Heiligen Schrift. Eine existentielle Führung im Heiligen Geist zielt auf die immer tiefere Verbindung mit dem auferstandenen Herrn, der in der Verkündigung des Evangeliums gegenwärtig ist und so das Leben des Menschen durchdringt.[6]

Mit diesem christologischen Prinzip der Schriftlesung steht Franziskus in der Tradition der Kirchenväter und des Apostels Paulus.[7] In der täglichen Nachfolge liegt die Umsetzung der Frohbotschaft, nicht das Wissen des Buchstabens ist das Ziel, sondern dem Heiligen Geist im eigenen Inneren Raum zu geben, der Leben schafft. Gottes Geist macht den auferstandenen Christus im Hörer des Wortes lebendig und leitet so zur direkten Nachfolge in Armut und Demut an (vgl. BR 6,2). Franziskus verstand es in seinen Predigten und Schriften, die Brüder und alle Menschen zur täglichen Nachfolge Jesu aufzurufen und konkrete Hilfestellungen für die Bewältigung der jeweiligen Herausforderungen zu geben.[8]

Die Heilige Schrift zählt damit zu den Eckpfeilern im Leben des Franziskus von Assisi. Gleichsam wie in einem Sakrament erlebte er die Wirkmacht des göttlichen Wortes, das ihm den Herrn „körperlich" (*corporaliter*) vergegenwärtigt (vgl. Kler 3). Diese verwandelnde Kraft des Wortes durchwirkt den gesamten Menschen und stellt diesen vor die Gegenwart Gottes. Weiter ergibt sich für Franziskus daraus die ehrfürchtige Behandlung des Schriftwortes (vgl. z. B. Kler; Kust; Test 12f. und Ord 35f.). So mahnt er, die Heiligen Schriften an einem ehrenvollen Platz

---

6   Vgl. MATURA, Thadée: Die Lebensordnung nach dem Evangelium. Franziskus damals und heute. Werl 1979, 58f.: Mit seiner einfühlsamen „Exegese" erfasst Franziskus den Sinn des Schriftwortes in unbestechlicher Weise, die auch dem Urteil heutiger Exegeten standhält.

7   Vgl. MÜLLER, Mogens: Christus als Schlüssel der biblischen Hermeneutik des Paulus. In: SCHNELLE, Udo / SÖDING, Thomas (Hg.): Paulinische Christologie. Exegetische Beiträge, Hans HÜBNER zum 70. Geburtstag. Göttingen 2000, 121-139; VODERHOLZER, Rudolf: Die Einheit der Schrift und ihr geistiger Sinn. Der Beitrag Henri de Lubacs zur Erforschung von Geschichte und Systematik christlicher Bibelhermeneutik. Freiburg 1998, 240-248.

8   Franziszi exegetische Fähigkeiten betont neben Thomas von Celano auch ein Dominikanertheologe, der die Schriftauslegung des Franziskus als Theologie bezeichnet. Vgl. 2 C 102f.; LM XI,2.

aufzubewahren, und scheut dabei nicht, einen Vergleich zum Sakrament der Eucharistie zu ziehen.[9] Er fühlte sich soweit für die Worte Christi verantwortlich, dass er sie überall, wo er sie ungebührend liegen fand, auflas und an einen ehrbaren Ort legte. Allerdings weiß Franziskus, dass dieses Heilsgeheimnis der Heiligen Schrift dem Menschen ohne die Offenbarung durch den Heiligen Geist verborgen bleibt. Mit den Worten aus 1 Kor 2,14 schreibt er in Kler 6f., dass die Worte und Namen des Herrn aus Unwissenheit von irdisch gesinnten Menschen zertreten werden. Er beklagt die Nachlässigkeit gegenüber den Heiligen Büchern und weist mit dem Apostelzitat auf den Grund hin: jene Menschen sind nicht vom Geist Gottes erfüllt, sondern bleiben im irdisch begrenzten Denken gefangen. So mahnt er zur Änderung der bisherigen Praxis und wünscht eine ehrbare Aufbewahrung der Heiligen Schriften. Damit verbunden ist auch die Hochachtung vor den Priestern und den Theologen, weil sie das Wort Gottes verwalten.[10] Im Raum der Kirche geschieht die Verkündigung, weil Gott es ist, der seine Kirche mit den verschiedenen Gaben aufbaut.

Franziskus lebte in dieser Fülle des göttlichen Wortes und der verkündeten Botschaft, durch die er zum Garanten für das Wort des gekreuzigten Christus wurde. Selbst vor seinem Sterben ließ er sich aus dem Johannesevangelium vorlesen und empfahl den Brüdern die Heilige Schrift noch vor allen übrigen Satzungen.[11] So wollen auch wir stets das Ohr unseres Herzens neigen, der Stimme des Sohnes Gottes gehorchen und die geschriebenen göttlichen Worte, die er gesprochen hat, ehrfürchtig behandeln und in ihnen den Herrn ehren (vgl. Ord 6. 35f.).

---

[9]   Vgl. LEHMANN, Leonhard: Das schriftliche Mahnwort des hl. Franziskus an alle Kleriker. In: WiWei 52 (1989) 147-178, 177f.: Franziskus kennt den Vorrang des Wortes als Bedingung für das Sakrament, werden doch durch die Wandlungsworte die eucharistischen Gaben zu Leib und Blut Christi. Doch der Unterschied in der Verehrung und der Aufbewahrung der beiden Gegenwartsweisen Christi macht eine differenzierte Wertung von Wort und Sakrament deutlich (Kler 11f.).

[10] Franziskus schätzte grundsätzlich die Theologen, die dem Wort Gottes dienen und es verkünden (Test 13; 2 C 164). Dies zeigte sich dadurch, dass er mit Theologen auch geistliche Gespräche suchte. Dazu auch ESSER, Kajetan: Das Wort Gottes im Leben des Heiligen Franziskus. In: Pontificium Athenaeum Antonianum Studium Biblicum (Hg.): La sacra scrittura e i francescani. Roma-Gerusalemme 1973, 19-30.

[11] Vgl. 1 C 110; 2 C 216.

Eine Konkordanz der Stellen aus der Heiligen Schrift in der Bullierten Regel

Nachfolgend sind jene Schriftbezüge aufgelistet, wie sie in der Ausgabe ESSER, Kajetan: Die Opuscula des hl. Franziskus von Assisi. Neue textkritische Edition. Zweite, erweiterte und verbesserte Auflage besorgt von Engelbert GRAU OFM, Grottaferrata 1989 angegeben sind.

BR	Bibel
2,5	Mt 19,21
2,13	Lk 9,62
3,6	Mt 4,2
3,10	2 Tim 2,14
3,13f.	Lk 10,5. 8
6,2	1 Pet 2,11
6,4	2 Kor 8,9; Jak 2,5
6,5	Ps 141,6
6,8	1 Thess 2,17
6,9	Mt 7,12
9,3	Ps 11,7; 17,31
9,4	Röm 9,28
10,7	Lk 12,15; Mt 13,22
10,10	Mt 5,44
10,11	Mt 5,10
10,12	Mt 10,22
12,4	Kol 1,23

Mögliche weitere Bezüge zu paulinischen Briefen:[12]

BR	Bibel
5,1f.	1 Thess 5,17. 19
6,1-6	1 Kor 9,27
10,1. 3	1 Thess 5,14
10,8-12	1 Kor 2,16; 2 Kor 4,4

Die Ordensregel auf dem Hintergrund der Heiligen Schrift[13]

1. Kapitel

Im Namen des Herrn!

Es beginnt die Lebensweise der Minderen Brüder:

[1]Regel und Leben der Minderen Brüder ist dieses, nämlich unseres Herrn Jesu Christi heiliges Evangelium zu beobachten durch ein Leben in Gehorsam, ohne Eigentum und in Keuschheit. [2]Bruder Franziskus verspricht Gehorsam und Ehrerbietung dem Herrn Papst Honorius und seinen rechtmäßigen Nachfolgern sowie der Römischen Kirche. [3]Und die anderen Brüder sollen verpflichtet sein, dem Bruder Franziskus und dessen Nachfolgern zu gehorchen.

Programmatisch stellt Franziskus am Beginn einen Zusammenhang von Regel, Leben und Evangelium Christi her und legt damit das Fundament

---

[12] Zum gesamten Bezug hinsichtlich der paulinischen Schriften siehe STADLER, Volker: „Ich kenne Christus, den Armen, den Gekreuzigten". Die Rezeption des Apostels Paulus bei Franziskus von Assisi. Mönchengladbach 2005 (Veröffentlichungen der Johannes-Duns-Skotus-Akademie für franziskanische Geistesgeschichte und Spiritualität, 20).

[13] Der deutsche Regeltext ist entnommen aus LEHMANN, Leonhard (Hg.): Das Erbe eines Armen. Franziskus-Schriften. Kevelaer 2003.

der Minderbrüder fest.[14] Es geht nicht um ein endgültiges Konzept, das durch die Worte der Heiligen Schrift untermauert wird, sondern um einen dynamischen Prozess, will doch das Evangelium *beobachtet* sein. Wie an anderen Stellen in den Franziskusschriften wird dadurch die Aktualität des Gotteswortes deutlich, die für Franziskus so bedeutsam war. Weil das Beobachten ein kontinuierlicher Vorgang ist, bedeutet dies für die Brüder, in beständiger Weise die Worte unseres Herrn Jesus Christus zu betrachten. Denn schon der Apostel Petrus erkannte, dass der Sohn Gottes *Worte des Lebens* hatte, gesprochen in das persönliche Leben jedes Einzelnen (vgl. Joh 6,68). Ebenso erinnert dieses Verständnis an den Apostel Paulus, der das *Evangelium* verkündete, nämlich *Christus als den Gekreuzigten* (vgl. 1 Kor 1,17. 23). Zu dieser Übereinstimmung von Christus und seinem Evangelium kommt auch Franziskus, wenn er davon spricht, dass es gut ist, den Herrn in der Heiligen Schrift zu suchen (vgl. 2 C 105). Darum band er sich vor allem an den Herrn, der *der Weg, die Wahrheit und das Leben ist* (vgl. Joh 14,6), und orientierte sich weniger am Leben der Apostel und der Urgemeinde, wie es für andere neue Bewegungen des 12. und 13. Jahrhunderts üblich war.[15] Ausgehend von dieser Frohen Botschaft Christi entwirft Franziskus eine Form, wie er dem Evangelium in seinem Leben Gestalt geben will.

Als Lebensweise wählte Franziskus für sich und die Brüder jene Tugenden, die Christus in seinem Leben vervollkommnet hat: Gehorsam, Eigentumslosigkeit, Keuschheit. Im Schauen auf Christus, dessen Speise es war, den Willen des Vaters zu tun (vgl. Joh 4,34), der nichts hatte, wo er sein Haupt hinlegen konnte (vgl. Lk 9,58) und der um des Himmelreiches willen ehelos blieb (vgl. Mt 19,12),[16] fand er die Zusammenfassung der Heiligen Schrift, ist doch der Sohn das ewige Wort des Vaters (vgl. 2 Gl 4). Diese drei Haltungen im Leben Christi wurden mehrfach in den neutestamentlichen Schriften betrachtet. So war z. B. nach dem Apostel Paulus Christus gehorsam bis zum Tod am Kreuz (vgl. Phil 2,8), und durch diesen Gehorsam werden viele gerettet (vgl.

---

[14]   Noch im Testament betont Franziskus, dass der Herr ihm diese Lebensweise nach dem Evangelium offenbarte (Test 14). Zur gesamten Kommentierung der Regelkapitel siehe auch CONTI, Martino: Lettura biblica della Regola francescana. Roma 1977.

[15]   STADLER, Christus (wie Anm. 12) 17-22.

[16]   Ein weiterer Hinweis auf die keusche Lebensweise bei Christus können die Gleichnisse sein, in denen Christus von sich als Bräutigam spricht (vgl. z. B. Mk 2,18-22; Mt 25,1-13).

Röm 5,19). Franziskus bemühte sich, alles dem Herrn zurückzuerstatten (vgl. Erm 18; Ord 29), darum wollte auch er sich ganz in diesen Gehorsam Gottes stellen, welcher im zwischenmenschlichen Leben konkret wird. Durch verschiedene Menschen aus der Bibel, wie Abraham oder die Gottesmutter Maria, wurde er auf diesen Glaubensgehorsam beispielhaft verwiesen. Ebenso war die Armut als evangelischer Rat dem Franziskus so wertvoll, weil Christus reich war und der Menschen wegen arm wurde, um sie durch seine Armut reich zu machen (vgl. 2 Kor 8,9; 2 Gl 5). Dieses arme Leben des Herrn schaute Franziskus von der Krippe bis zum Kreuz. Zu dieser materiellen Armut kommt natürlich noch die Verheißung Christi, dass einem Armen vor Gott das Himmelreich gehört (vgl. Mt 5,3).[17] Alles möchte Franziskus von Gott her erwarten und erhoffen. So hält er sich auch frei von menschlichen Bindungen, um die neue Familie Gottes zu bilden, die Christus zusammenrufen wird (vgl. Mt 19,27-29). Die Jünger Christi sollen diese neue Gemeinschaft, die von Gott her kommt, in der Welt wach halten. Vielleicht hatte Franziskus noch das Wort und Beispiel des Apostels Paulus vor Augen, der in 1 Kor 7,32 zur Ehelosigkeit rät, weil der Unverheiratete dem Herrn gefallen will, der Verheiratete aber seiner Frau. Somit ist Christus das lebendige Zentrum und das Beispiel, woran sich Franziskus mit den Brüdern in einer Lebensweise nach den drei Räten orientieren will.[18]

Es fällt auf, dass der hl. Franziskus mehrmals im Anfangskapitel den Gehorsam und damit das Hören betont, besonders im Zusammenhang mit dem Papst und der Römischen Kirche. Die Kirche ist der erste Ort der Erfahrung des Wortes Gottes, der Raum, in dem Christus und sein Evangelium verkündet wird. Darum will Franziskus sich der Kirche verpflichtet wissen. Vielleicht liegt es weiters darin begründet, dass der Papst als der Vikarius Christi der sichtbare Stellvertreter des Herrn und die Heilige Kirche der lebendige Leib Christi ist.[19] In der Person des Papstes und der Kirche erfolgt authentische Verkündigung und Auslegung der Frohen Botschaft Christi. Darum sieht Franziskus im Papst und in der Kirche den lebendigen Herrn, dem er ganz dienen und ähnlich sein wollte.

---

[17] Vgl. auch Erm 14, wo Franziskus diese Armut im Geiste als demütige Selbsteinschätzung und geduldige Annahme von Unrecht beschreibt.

[18] In NbR 1,2-5 motiviert Franziskus diese Lebensweise der drei evangelischen Räte ebenso mit drei Herrenworten: Mt 19,12; Mt 16,24; Lk 14,26 bzw. Mt 19,29.

[19] Vgl. Mt 16,16-19; Joh 21,15-19; Röm 12; 1 Kor 12.

2. Kapitel

Von denen, die dieses Leben annehmen wollen

und wie sie aufgenommen werden sollen

[1]*Wenn einer dieses Leben annehmen will und zu unseren Brüdern kommt, sollen diese ihn zu ihren Provinzialministern schicken; diesen allein und sonst niemand sei die Befugnis zugestanden, Brüder aufzunehmen.* [2]*Die Minister aber sollen sie sorgfältig über den katholischen Glauben und die Sakramente der Kirche prüfen.* [3]*Und wenn sie dies alles glauben und es treu bekennen und bis ans Ende fest beobachten wollen;* [4]*und wenn sie keine Ehefrauen haben oder ihre Frauen – falls sie eine haben – auch schon in ein Kloster eingetreten sind oder ihnen nach Ablegung des Gelübdes der Enthaltsamkeit mit Ermächtigung des Diözesanbischofs Erlaubnis gegeben haben; und wenn ihre Frauen solchen Alters sind, dass kein Verdacht über sie entstehen kann,* [5]*dann sollen sie (die Minister) ihnen das Wort des heiligen Evangeliums sagen, dass sie hingehen und all das Ihrige verkaufen (vgl. Mt 19,21) und Sorge tragen, es unter die Armen zu verteilen.* [6]*Wenn sie das nicht tun können, genügt ihnen der gute Wille.* [7]*Und die Brüder und ihre Minister sollen sich hüten, sich um deren zeitliche Habe zu kümmern, damit sie ungehindert mit ihrer Habe tun können, was der Herr ihnen eingeben mag.* [8]*Wenn sie jedoch um Rat ersucht werden, soll es den Ministern erlaubt sein, sie an gottesfürchtige Leute zu verweisen, nach deren Rat ihre Güter an die Armen verteilt werden mögen.* [9]*Danach sollen sie ihnen die Kleidung für die Probezeit gewähren, nämlich zwei Habite ohne Kapuze und einen Gürtelstrick und Hosen und einen Kaparon bis zum Gürtel,* [10]*falls nicht den erwähnten Ministern einmal etwas anderes vor Gott angemessen erscheinen sollte.* [11]*Ist aber das Probejahr beendet, sollen sie zum Gehorsam angenommen werden, indem sie versprechen, dieses Leben und diese Regel immer zu befolgen.* [12]*Und gemäß der Anordnung des Herrn Papstes soll ihnen unter keinen Umständen erlaubt sein, aus diesem Orden auszutreten,* [13]*weil nach dem heiligen*

Evangelium „niemand, der die Hand an den Pflug legt und rückwärts schaut, zum Reiche Gottes tauglich ist" (Lk 9,62). [14]Und jene, die den Gehorsam schon versprochen haben, sollen einen Habit mit Kapuze und, falls sie ihn haben wollen, einen anderen ohne Kapuze haben. [15]Und die durch Not gezwungen sind, können Schuhwerk tragen. [16]Und alle Brüder sollen geringwertige Kleidung tragen und sollen sie mit grobem Tuch und anderen Tuchstücken verstärken können mit dem Segen Gottes. [17]Ich warne und ermahne sie, jene Leute nicht zu verachten oder zu verurteilen, die sie weiche und farbenfrohe Kleider tragen (vgl. Mt 11,8) und sich auserlesener Speisen und Getränke bedienen sehen, sondern vielmehr soll jeder sich selbst verurteilen und verachten.

In diesem Regelkapitel zur Annahme des Lebens der Minderen Brüder und zur Aufnahme der Kandidaten durch den Provinzialminister geht Franziskus der Frage nach der Berufung des Einzelnen nach. So sehr er um das göttliche Wirken im Prozess der Berufung weiß – er betont in Test 14, dass der **Herr** ihm Brüder gegeben hat – braucht es doch ein objektives Kriterium, das solche Lebensentscheidung prüft. Am Beginn der Kontaktnahme steht daher eine Prüfung des Interessenten bezüglich des katholischen Glaubens und der Sakramente, was zur Zeit des Franziskus durch verschiedene häretische Bewegungen notwendig geworden war, sowie die Klärung ihres Standes – ledig oder verheiratet. Dieses Feststehen im Glauben, gegründet in Christus, in Abgrenzung zu manchen Irrlehren war im Christentum schon von Beginn an ein konstitutives Element (vgl. z. B. Kol 2,6ff.).

Wer das Leben der Minderbrüder annehmen will, muss zuerst loslassen, verkaufen, verteilen. In Vers 5 legitimiert und bestärkt Franziskus eine Lebensform ohne Eigentum mit einem Satz aus Mt 19. Auf die Frage des Mannes, was ihm noch fehle, gab ihm Christus diesen Rat: Alles zu verkaufen und unter den Armen zu verteilen, dann solle er ihm nachfolgen. Wenn es in BR 1,1 heißt, dass die Brüder das Evangelium unseres Herrn beobachten sollen, dann nennt Franziskus hier eine erste Konkretisierung. Dieser Einladung des Herrn vertraute er zutiefst, sodass er diesen existentiell radikalen Schritt ebenso von den Brüdern wünschte. In seiner zweiten Lebensbeschreibung überliefert uns Thomas von Celano, dass dieser radikale Schritt am Beginn der Bruderschaft grundgelegt wurde (vgl. 2 C 15). Bernhard von Quintavalle, der erste Gefährte des Franziskus, wollte wie dieser seinen Besitz Gott zurückgeben. Um den Rat Christi zu erfahren, gingen die beiden in die Kirche und schlugen dreimal das Evangelienbuch auf.[20] Mit den Schriftstellen Mt 19,21 und Lk 9,3 sowie Mt 16,24 wurden sie aufgefordert, sich selbst zu verleugnen, nichts auf dem Weg mit zu nehmen und alles den Armen zu geben. Damit stand für Franziskus der Auftrag des Herrn deutlich fest, den er mit Bruder Bernhard und dann mit allen Brüdern verwirklichen wollte. Aus der Beobachtung der Worte des Herrn ergab sich für Franziskus immer auch eine konkrete Umsetzung in die Tat. Es fällt auf, dass Franziskus an diesem Rat Christi noch weiter schreibt. In BR 2,6 berücksichtigt er eine bestehende Unmöglichkeit der Veräußerung des Besitzes. Dann soll dies aber nicht zum Hindernis werden, sondern es genügt der Wille, wie er sagt, die innere Haltung. So wichtig und bedeutsam die Worte Christi dem Franziskus waren, so frei blieb er in der Verwirklichung.[21]

Nach dem Noviziatsjahr soll der Bruder zum Gehorsam angenommen werden. Heute bedeutet dies, die Ewige Profess abzulegen und sich damit ein Leben lang an die Bruderschaft zu binden. Die Bedeutung und die Ernsthaftigkeit dieser Lebensentscheidung unterstreicht Franziskus in Vers 13 noch zusätzlich mit einem Wort aus Lk 9,62. Dort spricht Christus in drei Beispielen von der Radikalität der Nachfolge und dem unbedingten Gehorsam gegenüber Gott und seinem Reich. Damit konkretisiert Franziskus ein zweites Mal die Beobachtung des heiligen Evangeliums und nimmt gleichzeitig Bezug auf einen Erlass von Papst Honorius III. in der Bulle *Cum secundum consilium* hinsichtlich des Probejahres für Neueintretende.[22] Mit einer eigenen Interpretation des Schriftwortes legt Franziskus darauf Wert, den Eintritt in den Orden gut zu bedenken, diesen aber dann in aller Radikalität zu leben.

---

[20] Gef 28f. erwähnt dazu noch Petrus Cattani, der sich ebenfalls wie Bernhard dem Franziskus anschließen wollte.

[21] Wie er in Erm 7 schreibt, geht es um den Geist des göttlichen Buchstabens, nicht um eine buchstabengetreue Befolgung, sondern um die dahinter liegende Intention, wenn man dem heiligen Evangelium dienen will.

[22] Das Schriftwort Lk 9,62 findet sich nicht im Zusammenhang der Bulle *Cum secundum consilium*, was hier die Originalität von Franziskus belegt.

Der Hinweis auf die feine Kleidung mahnt zur Demut, die den Minderbruder prägen soll.[23] Diese Regelung der einfachen Kleidung erinnert
an Mt 11,8 und dem Beispiel des hl. Johannes des Täufers. Dessen Radikalität wurde hier von Christus als Vorbild vor Augen gestellt. Der
eigene ärmliche, einfache Habit als Zeichen eines Lebens der Buße nach
dem Evangelium darf nicht dazu führen, andere Menschen zu verachten.
Vielmehr sollen sie sich daran erinnern, dass ihr Platz bei den Armen ist
und nicht im Palast der Reichen. Weiters mag hier jene Stelle der Bergpredigt anklingen, wo Christus ermutigt, sich nicht ängstlich um Nahrung
und Kleidung zu sorgen, sondern zuerst das Reich Gottes zu suchen. Für
alles weitere wird der himmlische Vater sorgen (vgl. Mt 6,25-34). Nachdrücklich besteht Franziskus darauf, kein hochmütiges Urteil gegenüber
der Gewohnheit eines anderen zu fällen. Im Sinne des Apostels Paulus
soll man bedenken, dass jeder vor Gott Rechenschaft ablegen muss und
deshalb auf sich selbst achten soll (vgl. Röm 14,1-13).

3. Kapitel

Vom Göttlichen Offizium und vom Fasten und

wie die Brüder durch die Welt ziehen sollen

*[1]Die Kleriker sollen das Göttliche Offizium nach der Anordnung der
heiligen Kirche von Rom verrichten, den Psalter ausgenommen;
[2]darum dürfen sie Breviere haben. [3]Die Laien aber sollen vierundzwanzig Vaterunser beten für die Matutin, für die Laudes fünf, für
Prim, Terz, Sext, Non je sieben pro Hore; für die Vesper aber zwölf,
für die Komplet sieben; [4]und sie sollen für die Verstorbenen beten.
[5]Und sie sollen fasten vom Feste Allerheiligen bis zur Geburt des
Herrn. [6]Jene aber, die die heilige vierzigtägige Fastenzeit, die von
Epiphanie an ohne Unterbrechung vierzig Tage dauert und die der
Herr durch sein heiliges Fasten geweiht hat (vgl. Mt 4,2), freiwillig
halten, sollen vom Herrn gesegnet sein; und die nicht wollen, sollen*

---

[23] Vgl. dazu auch GrTug 2. 11f., wo Franziskus der Armut die Demut als Schwestertu-
gend beigibt.

nicht verpflichtet sein. ⁷Die andere Fastenzeit aber bis zur Auferste-hung des Herrn sollen sie halten. ⁸Zu anderen Zeiten aber sollen sie nicht zum Fasten gehalten sein, außer am Freitag. ⁹Jedoch zur Zeit offensichtlicher Not sollen die Brüder zu leiblichem Fasten nicht gehalten sein. ¹⁰Ich rate aber meinen Brüdern, warne und ermahne sie im Herrn Jesus Christus, dass sie, wenn sie durch die Welt gehen, nicht streiten, noch sich in Wortgezänk einlassen (vgl. 2 Tim 2,14), noch andere richten. ¹¹Vielmehr sollen sie milde, friedfertig und be-scheiden, sanftmütig und demütig sein und anständig reden, wie es sich gehört. ¹²Und sie dürfen nicht zu Pferd reiten, falls sie nicht durch offenbare Not oder Schwäche gezwungen werden. ¹³Welches Haus sie auch betreten, sollen sie zuerst sagen: „Friede diesem Hause" (vgl. Lk 10,5). ¹⁴Und nach dem heiligen Evangelium soll es ihnen erlaubt sein, von allen Speisen zu essen, die ihnen vorgesetzt werden (vgl. Lk 10,8).

Während Franziskus in NbR 3 das Gemeinschaftsgebet noch mit einem Hinweis auf Mk 9,29 unterlegt, bringen die Verse in BR 3 die bloße Be-schreibung der Gebetszeiten mit ihren Unterteilungen. Sicherlich wird er aber auch im bullierten Regeltext an die stellvertretende Kraft des Gebetes gedacht haben, da er doch auch die leseunkundigen Brüder zum häufigen Gebet verpflichtet. Indem er das *Vater unser* wählte, nimmt er das bevorzugte Gebet Christi auf, wie dieser es seine Jünger gelehrt hat (vgl. Lk 11,2ff.).

Nach dem Auftrag und der Ordnung des gemeinschaftlichen Gebetes wendet sich Franziskus dem Fasten zu. Er stellt damit jenen inneren Zusammenhang von Gebet und Fasten her, wie es in Apg 13,2f. und 14,23 oder Mk 9,29[24] überliefert wird. Der Nahrungsverzicht gilt als all-gemeiner religiöser Ausdruck und wurde von Christus ebenfalls prakti-ziert und vorgegeben (vgl. Mt 6,16-18; 9,15). Dabei nennt Franziskus drei geschlossene Zeiten: von Allerheiligen bis zur Geburt des Herrn, von Epiphanie an 40 Tage und die 40-tägige Fastenzeit vor Ostern. Während die erst- und drittgenannten Fastenzeiten ebenso in der all-

---

[24] In Mk 9,29 werden Gebet und Fasten nicht bei allen Textzeugen zusammen genannt.

gemeinen kirchlichen Praxis gehalten wurden, motiviert Franziskus die 40 Fastentage ab Erscheinung des Herrn mit dem Verweis auf die 40 Tage Christi in der Wüste (Mt 4,2). Durch das Fasten Christi sind diese Tage besonders geweiht und sollen demjenigen, der sie hält, zum Segen werden. Interessant erscheint, dass der hl. Franziskus nicht die österliche Bußzeit mit dem Beispiel Christi in Verbindung bringt, sondern sie ab dem Epiphaniefest beginnen lässt. Vielleicht liegt der Grund im Festgeheimnis selbst, da am 6. Januar ebenso die Taufe des Herrn mitgefeiert wird, und Jesus Christus anschließend an die Jordantaufe vom Geist Gottes in die Wüste geführt wurde (vgl. Mt 3,13-4,1).[25] Trotz dieses inneren Zusammenhanges aber stellt er es seinen Brüdern frei, diese Fastenzeit zu halten. Indem er den Segen des Herrn verheißt, wirbt er für diese 40 Fasttage. Von Franziskus dürfen wir annehmen, dass er diese drei Fastenzeiten gehalten hat. Insgesamt soll das Fasten die Brüder wach halten für das Kommen Christi, sie an Leib und Seele stärken in ihrer Sehnsucht nach dem Herrn.

In Vers 10 charakterisiert Franziskus die innere Haltung des Lebenszeugnisses der Brüder, wenn sie durch die Welt gehen. Wie bedeutsam ihm diese nachfolgende Ausführung ist, zeigt die dreifache gesteigerte Einleitung: raten – warnen – mahnen. Um dies noch zusätzlich zu verstärken, spricht Franziskus in der Autorität Christi, dem die Brüder nachfolgen. Dazu greift er auf ein Wort aus 2 Tim 2,14 zurück: „... nicht um Worte streiten ...". Diese wörtliche Übernahme wird vielleicht von ihrem Kontext her verständlich. Dort wird Timotheus ermutigt, gegen die herrschenden Irrlehren in der Gemeinde am Zeugnis für Christus und der rechten Überlieferung des Apostels Paulus festzuhalten. In 2 Tim 2,24 wird ebenfalls noch vor unnützen Diskussionen gewarnt, da diese nur zum Streit führen. Ein Diener des Herrn aber erweist sich freundlich gegenüber allen. Diese Aufforderung aus 2 Tim 2,24f. übernimmt Franziskus in Vers 11. Um die Werke der Liebe sollen die Brüder bemüht sein, denn es geht um das ewige Leben. In NbR 11 lesen wir dazu ausführlicher, dass das Schweigen zur rechten Zeit nicht leicht fällt, sondern letztlich eine Gabe Gottes ist. Vielleicht ergibt sich diese Haltung noch aus der Verheißung von Jes 42,1-4, die der Evangelist

---

[25] Vgl. dazu MARTIMORT, Aimé Georges (Hg.): Handbuch der Liturgiewissenschaft II, deutsche Übersetzung herausgegeben vom Liturgischen Institut Trier. Freiburg 1965, 239-250. 265-276. In der monastischen Tradition kannte man noch das Benediktionsfasten.

Matthäus auf Christus hin liest (vgl. Mt 12,17-21). Dort heißt es, dass der Knecht Gottes weder streitet noch schreit. Ebenso fordert der Herr seine Jünger auf, sanftmütig und friedfertig zu sein (vgl. Mt 5,5. 9), weil Er selbst sanftmütig und demütig ist (vgl. Mt 11,29).

Diese Aufzählung tugendhafter Eigenschaften in BR 3,11 erinnert weiters an Gal 5,22f. Dort stellt der Apostel Paulus den egoistischen Werken die Früchte des Heiligen Geistes gegenüber, die jeder empfängt und denen jeder folgen soll, der aus dem Heiligen Geist lebt. Denn wie einst die Apostel, so stehen die Brüder in einer Fortsetzung der Sendung Christi zu allen Menschen, wozu sie den Beistand des Heiligen Geistes brauchen. Nur wer selbst die innere Ruhe und Freude bewahrt,[26] kann den Auftrag des Herrn ausführen: „Kommen sie in ein Haus, sollen sie zuerst sagen: 'Frieden diesem Haus'." Unter der Aufnahme von Lk 10,5 motiviert Franziskus von Assisi diesen Gruß mit dem Wort Christi, den Gott ihm selbst offenbart hat, und er deshalb von Beginn seinen Brüdern mit auf den Weg gegeben hat.[27] Franziskus hält sich dabei ganz an die Anweisung des Herrn, wie sie jener den 72 Jüngern auftrug. Mit einem Hinweis zum erlaubten Essen während der Pilgerschaft schließt das 3. Kapitel wieder mit der Frage nach dem Fasten. Durch den Bezug zu Lk 10,8 widersetzt Franziskus sich jenen Bestrebungen in seinem Orden, die eine strengere Fastenvorschrift verlangten.[28] Auch wenn er selbst wesentlich strenger gefastet hat, gibt er für die damalige Zeit insgesamt einen eher kleinen Rahmen für das Fasten vor. Damit setzt Franziskus erneut auf die Freiheit des Evangeliums und des einzelnen Bruders in dessen persönlichen Entscheidung.

---

[26] Vgl. dazu auch Gef 58, wo Franziskus den Friedensgruß mit der inneren friedvollen Haltung verbindet.

[27] Vgl. Test 23; 1 C 23. 29. Dazu kommt die Seligpreisung aus Mt 5,9, die Franziskus in Erm 15 aufgreift.

[28] Vgl. Chronik des Jordan von Giano Nr. 11f. In: HARDICK, Lothar: Nach Deutschland und England. Die Chroniken der Minderbrüder Jordan von Giano und Thomas von Eccleston. Werl 1957 (FQS, 6): Die beiden während seiner Orientreise als Vertreter eingesetzten Brüder Matthäus von Narni und Gregor von Neapel haben die Fastenvorschriften wesentlich verschärft. Weiters wird auch deutlich, dass es zusätzlich persönliche Fasttage der Brüder gegeben hat.

4. Kapitel

Dass die Brüder kein Geld annehmen sollen

[1]Ich gebiete allen Brüdern streng, auf keine Weise Münzen oder Geld anzunehmen, weder selbst noch durch eine Mittelsperson. [2]Doch für die Bedürfnisse der Kranken und die Bekleidung der anderen Brüder sollen einzig die Minister und Kustoden mit Hilfe geistlicher Freunde gewissenhaft Sorge tragen nach Maßgabe der Orte und Zeiten und kalten Gegenden, wie sie sehen werden, dass es der Not abhelfe; [3]immer aber mit dem Vorbehalt, dass sie, wie gesagt, nicht Münzen oder Geld annehmen.

Das Geldverbot gilt als besonderes franziskanisches Charakteristikum. Nach einem ersten Lesen dieses Kapitels erscheint es schwer, für dieses rigorose Verständnis biblische Bezüge herzustellen. Noch dazu finden wir bei Christus zum Teil einen neutralen Umgang mit dem Geld, wie die mitgeführte Geldkasse (vgl. Joh 12,6; 13,29) oder manche Gleichnisse belegen (z. B. Lk 19,11ff.). In der Fassung von NbR 8 bekräftigt Franziskus sein Gebot sehr deutlich mit zwei Stellen aus dem Lukasevangelium (vgl. Lk 12,15; 21,34). Dort mahnt der Herr, sich vor jeder Bosheit und Habsucht zu hüten und nicht dem geschäftigen Treiben und den Sorgen der Welt zu erliegen. Franziskus spürt im Geld einen tiefliegenden Anreiz, sich den Dingen dieser Welt zu verschreiben. Vielleicht aus der eigenen Erfahrung warnt er hier kompromisslos vor der Eigendynamik des Geldes, das es dem Menschen sehr schwer macht, in das Himmelreich zu kommen. Wie Jesus nämlich in Mk 10,23-27 ausführt, hindert der Reichtum den Menschen, sich uneingeschränkt für Gott zu entscheiden. Dazu kommt das mahnende Wort aus Mt 6,24, dass man nicht Gott und dem Mammon zugleich dienen kann. Darum hat Franziskus die Versuchung des Geldes vom Teufel ausgehen sehen, der alles unternimmt, den eingeschlagenen Weg der Nachfolge Christi zu verhindern (vgl. z. B. NbR 8,4; 2 C 68). Eine deutliche Geldablehnung hört Franziskus sicherlich in der Aussendungsrede (vgl. Lk 9,3; 10,4). Da ja diese Evangeliumsstelle für ihn so bedeutsam wurde und sein Leben schlagartig veränderte (vgl. 1 C 22), möchte Franziskus hier den Auftrag Christi ganz treu erfüllen.

Den maßvollen Umgang mit den notwendigen Dingen wie Kleidung sollen die Minister regeln. Denn Franziskus weiß um das Recht auf Unterhalt für jene, die im Dienst des Herrn stehen (vgl. Lk 10,7; 1 Kor 9,14). Als eine Ausnahme gelten die kranken Brüder. Die offenkundige Notlage der kranken Brüder war für Franziskus in NbR 8,3 noch ein gerechtfertigter Grund, Geld anzunehmen. Hier in BR 4 wird diese Sorge geistlichen Freunden übertragen, die Brüder selber sollen kein Geld annehmen dürfen. Den Brüdern muss es im Sinne von Mt 6,32f. zuerst um das Reich Gottes gehen. Darum heißt es beim Sendungsauftrag der Apostel, dass sie nichts mitnehmen sollen, auch kein Geld.

5. Kapitel

Von der Art zu arbeiten

[1]*Jene Brüder, denen der Herr die Gnade gegeben hat, arbeiten zu können, sollen in Treue und Hingabe arbeiten,* [2]*sodass sie zwar den Müßiggang, den Feind der Seele, ausschließen, aber den Geist des heiligen Gebetes und der Hingabe nicht auslöschen, dem alle übrigen zeitlichen Dinge dienen müssen.* [3]*Was aber den Lohn der Arbeit angeht, so mögen sie für sich und ihre Brüder das zum leiblichen Unterhalt Notwendige annehmen, außer Münzen oder Geld;* [4]*und dies demütig, wie es sich für Knechte Gottes und Anhänger der heiligsten Armut geziemt.*

Hier entwirft Franziskus eine ganze Theologie der Arbeit. Schreibt er in NbR 7 noch von den Brüdern, die eine Arbeit gelernt haben, so wählt er nun die neue Formulierung von der *Gnade* zur Arbeit. Er versteht es also als ein Geschenk von Gott, wenn man zu arbeiten vermag, wenn man etwas gelernt hat. Vielleicht reiht er damit die Fähigkeit zur Arbeit in die Aufzählung von 1 Kor 12 ein, wo der hl. Paulus von den verschiedenen Gnadengaben spricht, die der Heilige Geist zum Aufbau der Gemeinde schenkt. Diese hingebungsvolle Haltung bei einer Tätigkeit erinnert ebenso an das Wort aus Kol 3, jede Arbeit im Blick auf Gott zu verrichten, denn der Herr gibt den Lohn dafür. Ähnlich dazu auch 1 Petr 4,11, wo der hl. Petrus von der Kraft Gottes für den Dienst schreibt, der zur Verherrlichung Gottes geschehen soll. Die nachdrückliche Betonung der Arbeit mag sich für Franziskus besonders am Beispiel des Apostels Paulus ergeben, wie es 2 Thess 3,10 in NbR 7,4f. nahe legt. Ähnlich dem Völkerapostel, bemühte er sich um eine eigenständige Handarbeit, die im Dienst an Gott verrichtet werden soll.[29] Dazu kommt die etwas eigentümliche Rede vom Geist des heiligen Gebetes und der Hingabe, die vielleicht eine Entsprechung in Sach 12,10 findet, wo vom Geist des Gebetes und des Mitleids geschrieben wird. Franziskus gibt einen klaren Bezugspunkt für die Arbeit an, für jegliche Tätigkeit, wie sein Brief an den hl. Antonius von Padua verdeutlicht. Ob Handwerk oder geistige Arbeit, alles untersteht diesem einen Geist Gottes, der nicht ausgelöscht werden darf (vgl. 1 Thess 5,19). Im Sinne des Apostels möchte Franziskus, dass die Brüder sich dem ständigen Gebet widmen. Er motiviert zu einer inneren Ausrichtung auf Gott in der Kraft des Heiligen Geistes.[30]

Im zweiten Teil des Kapitels regelt Franziskus den Arbeitslohn mit ähnlicher Deutlichkeit, wie wir es schon in BR 4 gehört haben. Außer Geld darf man alles für den leiblichen Unterhalt annehmen. Nach dem biblischen Verständnis, wer arbeitet hat ein Recht auf seinen Lohn[31], steht es für Franziskus außer Frage, diesen Anspruch geltend zu machen. Doch soll dies nicht fordernd geschehen, sondern zurückhaltend, in Demut und in Dankbarkeit das annehmen, was man bekommt. Im Sinne von 1 Tim 6,8 braucht man nämlich notwendig nur Nahrung und Kleidung. Auch hier zählt für ihn das Bewusstsein, ein Knecht Gottes und Diener der heiligsten Armut zu sein.

---

[29] Darum nimmt Franziskus in Test 20-22 dieses Thema der Arbeit noch einmal auf. Beim hl. Paulus findet sich das Thema der rechten Arbeit besonders in 1 Kor 9; 1 Thess 4,11. Insgesamt stellt er sich damit in die Tradition, wie Anspielungen in NbR 7 auf die Kirchenväter Gregor I. und Hieronymus, sowie auf die Regel des Mönchvaters Benedikt zeigen.

[30] Vgl. 1 C 40. 71. 92; 2 C 94-96.

[31] Vgl. Lk 10,7; 1 Kor 9,14ff.

6. Kapitel

Dass die Brüder nichts als ihr Eigentum erwerben dürfen, sowie vom Bitten um Almosen und von den kranken Brüdern

[1]*Die Brüder sollen sich nichts aneignen, weder Haus noch Ort noch irgendeine andere Sache.* [2]*Und gleichwie Pilger und Fremdlinge (vgl. 1 Petr 2,11) in dieser Welt, die dem Herrn in Armut und Demut dienen, mögen sie voll Vertrauen um Almosen bitten gehen,* [3]*und sollen sich dabei nicht schämen, weil der Herr sich für uns in dieser Welt arm gemacht hat (vgl. 2 Kor 8,9).* [4]*Dies ist jene Erhabenheit der höchsten Armut, die euch, meine geliebtesten Brüder, zu Erben und Königen des Himmelreiches eingesetzt, an Dingen arm, aber an Tugenden reich gemacht hat (vgl. Jak 2,5).* [5]*Diese soll euer Anteil sein, der hinführt in das Land der Lebenden (vgl. Ps 141,6).* [6]*Ihr ganz und gar anhängend, geliebteste Brüder, trachtet danach, um des Namens unseres Herrn Jesu Christi willen auf immer unter dem Himmel nichts anderes besitzen zu wollen!* [7]*Und wo immer die Brüder sind und sich treffen, sollen sie sich einander als Hausgenossen erzeigen.* [8]*Und vertrauensvoll soll einer dem anderen seine Not offenbaren; denn wenn schon eine Mutter ihren leiblichen Sohn nährt und liebt (vgl. 1 Thess 2,7), um wie viel sorgfältiger muss einer seinen geistlichen Bruder lieben und nähren?* [9]*Und wenn einer von ihnen in Krankheit fällt, dann müssen die anderen Brüder ihm so dienen, wie sie selbst bedient sein wollten (vgl. Mt 7,12).*

Im ersten Teil geht Franziskus der Frage des Eigentums nach. Recht deutlich verlangt er in Vers 1, dass die Brüder sich nichts aneignen sollen. Sowohl persönlich als auch gemeinschaftlich sollen sie dem Beispiel Christi und der Apostel folgen. Um diese Forderung zu unterstreichen, bringt er das Wort vom Pilger und Fremdling aus 1 Petr 2,11. Mit dem Pilger verbindet Franziskus die Grundhaltung der Armut und der Demut, die den Bruder kennzeichnen soll. Wer so dem Herrn dient, braucht sich nicht zu schämen, wenn er um Almosen betteln muss. Als Fremdling kann man nicht auf Eigenes zurückgreifen, man hat keine Vorräte gelagert, sondern steht ganz in der Abhängigkeit der Menschen. Franziskus bezieht hier das Apostelwort auf das Laster der Habsucht. Um nicht der Besitzgier zu verfallen, möchte er, dass die Brüder nichts ihr Eigen nennen, sondern dadurch gezwungen sind, sich zu öffnen und als Bittsteller den Menschen zu begegnen. Christus gab selbst dafür das Beispiel, der sich nach dem Wort des Apostels Paulus für uns arm gemacht hat (vgl. 2 Kor 8,9). In dieser Tauschmetapher verweist Paulus auf den Tiefenaspekt der Armut Christi. Weil der Sohn Gottes Mensch geworden ist, weil seine Göttlichkeit das menschliche Fleisch angenommen hat, in dem er seine Herrlichkeit mit der irdischen Gebrechlichkeit getauscht hat, ist Christus arm geworden. Damit hebt der Apostel die gefallene Menschennatur auf die Ebene der Armut. Grundsätzlich erfährt sich der Mensch damit auf Erden als Pilger und Fremdling, als Mängelwesen, weil er von Gott, seinem Ursprung, entfernt lebt. Christus teilt nun diese Wirklichkeit des Fremdseins als Mensch, weshalb auch Franziskus in dieser Armut mit dem Herrn verbunden sein wollte.[32] Wer sich auf diese Identität mit Christus einlässt, kann voll Vertrauen um Almosen gehen, denn der himmlische Vater wird für alles sorgen.

Vielleicht erinnerte sich hier Franziskus auch an das Herrenwort aus Lk 9, dass der Menschensohn keinen Ort hatte, wo er sein Haupt hinlegen konnte (vgl. 2 C 56). In dieser Radikalität wollte er seinem Herrn nachfolgen und die Armut als Wesenszug der Hingabe an Christus leben. Franziskus wollte an sich und den Brüdern das Schriftwort erfüllt wissen: *Was ihr für einen meiner geringsten Brüder getan habt, das habt ihr mir getan* (Mt 25,40. 45). Diese erlösende Armut Christi soll der Minderbruder verkörpern und so zum Segen für die Menschen werden. In dieser Existentialität verstanden, wird die materielle Armut zur Tugend, die den Minderbruder zum Erben des Himmelreiches einsetzt. Diese Weltsicht vermag aber nur jener nachzuvollziehen, der glaubt, wie es im Jakobusbrief heißt (vgl. Jak 2,5). Weltliche Logik bleibt an der Vordergründigkeit der Dinge stehen, der Glaube vermag die größere Wirklichkeit zu erkennen, die Gott ist. Wahrer Reichtum besteht in der Liebe zu Gott, ja in der Liebe Gottes zu uns Menschen. Franziskus war davon überzeugt, dass Gott, der sich arm gemacht hat, uns reich macht, wenn wir seinem Beispiel folgen. Die selbst gewählte Armut wird für ihn zum Weg in das

---

[32] Eine ähnliche Anspielung auf dieses arme Pilgersein Christi bringt Franziskus in Off XV,7: Christus, geboren für uns auf dem Weg.

Land der Lebenden (vgl. Ps 141,6), in das ewige Reich Gottes, dass schon hier auf Erden angebrochen ist. Im Sinne der Seligpreisung, wer arm vor Gott ist dem gehört das Himmelreich, sieht Franziskus in der Armut sogar eine königliche Würde, weil Christus, der König, für uns arm geworden ist (vgl. 2 C 73. 200).

Ab Vers 7 geht das Thema der Armut in die Frage nach der Bruderschaft über. Die oft harte Armut hat ihr tragendes Netz in der brüderlichen Gemeinschaft. Zuerst ist es den Brüdern aufgetragen, sich gegenseitig zu unterstützen. Mit dem sehr familiären Bild aus 1 Thess 2,7 verdeutlicht Franziskus diesen brüderlichen Dienst. Aus der natürlichen Mutter-Kind Beziehung leitet er das vertraute Verhältnis der Brüder ab. Nach dem Vorbild des Apostels Paulus, der seiner Gemeinde in Thessaloniki wie eine Mutter zugetan war, wollte auch Franziskus für das leibliche wie geistige Wohl seiner Brüder sorgen. Wie der heilige Paulus nicht nur das Wort Gottes verkündete, sondern sein Leben mit den Thessalonichern teilte, weil er sie liebte, so spricht auch Franziskus vom gegenseitigen nähren und lieben der Brüder. Der biblische Ausdruck *domesticus = Hausgenosse* bedeutet die geistliche Verbundenheit jener Menschen, die im gemeinsamen Glauben an Gott eine neue Gemeinschaft bilden.[33] Weil sie als Pilger durch die Welt ziehen, sollen sich die Brüder nach dem Beispiel Jesu Heimat geben, der sich mit den Aposteln nach der Aussendung an einen einsamen Ort zurückzog (vgl. Mk 6,30f.). Die selbst gewählte Armut in der Hingabe an den Sohn Gottes und seiner Mutter wird so zum endzeitlichen Hinweis für die Welt. Ergänzt wird diese eschatologische Verwiesenheit durch das brüderliche Beispiel.

Eine spezielle Konkretisierung erfährt diese Haltung in der Pflege jener kranken Brüder, die nicht umherziehen, sich nichts verdienen oder kein Almosen erbetteln können. Ihnen gilt die besondere Aufmerksamkeit des Franziskus. Mit einer Anspielung an die Goldene Regel aus Mt 7,12 verweist er darauf, dass jeder einmal auf solche Hilfe durch die Brüder angewiesen sein kann. Vielleicht denkt er auch an die Beispiele Christi, der immer wieder den Kranken beigestanden ist und diesen Dienst mit dem Beispiel des barmherzigen Samariters unterstrich (vgl. Lk 10,25-37). Als guter Hirte sorgte er sich um das Wohl der Tausenden, die ihm zuhörten und nichts mehr zu essen hatten (vgl. Mk 6,35ff.). Gleich einem Testament verdeutlichte Christus diesen Wunsch des gegen-

---

[33] Vgl. Eph 2,19; Gal 6,10; Mt 10,25.

seitigen Dienens beim Letzten Abendmahl im Zeichen der Fußwaschung (vgl. Joh 13,1-17). Jener kranke Bruder, der sich ganz in die Hände Gottes legen lernt, wird für Franziskus zum Bild des armen Christus, der uns aufgetragen hat, die Kranken zu besuchen (vgl. 2 C 85; Mt 25,36). Gerade im Beistand der kranken Brüder wird für Franziskus das Wort Christi aktuell: „Daran werden alle erkennen, dass ihr meine Jünger seid: wenn ihr einander liebt." (Joh 13,35).

7. Kapitel

Von der Buße, die sündigen Brüdern auferlegt werden soll

[1]Wenn Brüder auf Anreiz des bösen Feindes tödlich sündigen und es sich um solche Sünden handelt, für die unter den Brüdern verordnet ist, dass man sich allein an die Provinzialminister wende, sollen diese Brüder sich an sie wenden, sobald sie können, ohne Verzug. [2]Die Minister selbst aber, wenn sie Priester sind, sollen ihnen mit Erbarmen eine Buße auferlegen; wenn sie aber nicht Priester sind, sollen sie die Buße durch andere Priester des Ordens auferlegen lassen, wie es ihnen vor Gott am besten scheint. [3]Und sie müssen sich hüten, wegen der Sünde, die jemand begangen hat, zornig und aufgeregt zu werden; denn Zorn und Aufregung verhindern in ihnen selbst und in den anderen die Liebe.

Ein eigenes Regelkapitel für die Handhabung einer Todsünde überrascht auf den ersten Blick.[34] Andererseits wird damit die Sensibilität des Franziskus verdeutlicht, der um das Seelenheil seiner Brüder besorgt war. Er wusste aus der Heiligen Schrift um die Gefahr, die vom Teufel ausgeht,[35] und um unsere menschliche Schwäche. Auch als Minderbruder bleibt man der Möglichkeit der Todsünde nicht enthoben, man bleibt ein Mensch auf dem Weg der ständigen Bekehrung. Darum darf es bei der

---

[34] Dazu kommt, dass es sich hier um das einzige Regelkapitel handelt, in dem Franziskus von Sakramenten schreibt. Bußsakrament und damit verbunden das Priesteramt sind also für ihn von Gott zum Heil des Menschen eingesetzt.

[35] Vgl. Mt 13,39; Joh 8,44; 2 Tim 2,26.

Todsünde – bzw. bei jeder Sünde wie Franziskus in NbR 20 schreibt – keine Verzögerung geben, um das Gegenmittel in Anspruch zu nehmen: das Sakrament der Buße. Während er in NbR 13 als äußerstes Mittel noch die Ordensentlassung nennt, mahnt er hier die zuständigen Minister zur Barmherzigkeit gegenüber dem Sünder. Damit verbindet Franziskus die Kompromisslosigkeit gegenüber der Sünde und das weite Erbarmen gegenüber dem Bruder. Diese *correctio fraterna* als notwendiger Dienst in einer Gemeinschaft entspricht der Anweisung aus Mt 18,15ff. Dort ermutigt Christus zu einer bestimmten und gleichzeitig taktvollen Zurechtweisung. Der Minister soll also im Sinne Christi handeln, der als der gute Hirte zutiefst um das ewige Heil des Menschen besorgt ist.[36]

In Vers 3 spricht Franziskus von der Eigendynamik der Sünde, wie er sie auch in Erm 11 beschrieben hat. Was man objektiv als Sünde erkennt, lässt einen aufgeregt werden und vergessen, dass hinter der Sünde der Mensch steht, der von Gott geliebt ist. In wenigen Worten hat Franziskus hier den Kampf des Menschen mit der Sünde zusammengefasst, wie es der Apostel Paulus in Röm 2f. dargelegt hat. Die Sünde verhindert ein Zweifaches: die Liebe zum anderen und die Erkenntnis der eigenen Sünde. Der hl. Franziskus nennt den Zorn und die Verwirrung als die Folgen der Sünde, durch die der Teufel versucht, den Menschen von der Liebe abzubringen.[37] Mit dem Hinweis auf den Zorn erinnert er an Eph 4,26f., wo vor dieser Tatsache gewarnt wird. Dort wird empfohlen, noch vor Sonnenuntergang sich wieder zu beruhigen und den Zorn abkühlen zu lassen, sonst gerät man unter den Einfluss des Teufels. In ähnlicher Weise warnt Jak 1,20 davor, dass der Mensch im Zorn nicht das tut, was recht ist vor Gott. Quasi als Gegenmittel für diese beiden Laster Zorn und Aufregung nennt Franziskus in Erm 27,2 die Tugenden der Geduld und der Demut, die er zutiefst mit Christus verbindet.[38]

---

[36] Vgl. z. B. Joh 8,1-11: Ohne sie zu verurteilen gibt Christus der Frau den Auftrag, nicht mehr zu sündigen. Weiters Mt 9,9-13; Mk 9,42-48.

[37] Den gleichen Zusammenhang dieser Laster mit dem Bösen siehe in NbR 10,4.

[38] Zu Geduld und Demut als Gottesprädikate bei Franziskus siehe FREYER, Johannes Baptist: Der demütige und geduldige Gott. Franziskus und sein Gottesbild – Ein Vergleich mit der Tradition. Mönchengladbach 1991 (Veröffentlichungen der Johannes-Duns-Skotus-Akademie für franziskanische Geistesgeschichte und Spiritualität, 1).

8. Kapitel

Von der Wahl des Generalministers dieser

Brüderschaft und vom Pfingstkapitel

[1]*Die Brüder in ihrer Gesamtheit sollen gehalten sein, immer einen von den Brüdern dieses Ordens als Generalminister und Diener der gesamten Brüderschaft zu haben, und sollen verpflichtet sein, ihm fest zu gehorchen.* [2]*Tritt er ab, so werde die Wahl des Nachfolgers von den Provinzialministern und Kustoden auf dem Pfingstkapitel durchgeführt, zu dem die Provinzialminister stets dort zusammenkommen sollen, wo es der Generalminister festgelegt hat;* [3]*und das einmal in drei Jahren oder zu einem anderen, späteren oder früheren Zeitpunkt, so wie es der genannte Minister verordnen wird.* [4]*Und sollte jemals der Gesamtheit der Provinzialminister und Kustoden scheinen, der erwähnte Minister sei zum Dienst und gemeinsamen Wohl der Brüder unzureichend, dann sollen die genannten Brüder, denen die Wahl zusteht, gehalten sein, sich im Namen des Herrn einen anderen zum Oberen zu wählen.* [5]*Nach dem Pfingstkapitel aber können die einzelnen Minister und Kustoden, wenn sie wollen und es für nützlich erachten, noch im gleichen Jahre ihre Brüder in ihren Gebieten einmal zum Kapitel zusammenrufen.*

Zuerst erscheint dieses Kapitel rein rechtlicher Natur: die Wahl des Generalministers und die Festsetzung des Pfingstkapitels. Franziskus setzt zwei leitende Instanzen des Ordens ein: die Gemeinschaft und eine Person. Bedeutsam sind sicherlich der Wahlmodus sowie die Möglichkeit, ja die Verpflichtung zur Absetzung des Ministers, wenn dies notwendig sein sollte. Mit der klaren Bezeichnung als Minister und Diener gibt Franziskus den tieferen Auftrag des Generalministers im Sinne von Mt 23,11 vor. Verdeutlicht wird diese Tugend des Oberen durch eine weitere Amtsbezeichnung: Kustos. Dieser biblische Begriff des Hüters bezeichnet Gott, den Herrn, der sein Volk bewahrt und leitet (vgl. Gen 29. 31. 33; Weish 10; Jes 40; Ps 121). Dem Haupt des Ordens (vgl. NbR Prolog Vers 3) und Stellvertreter Christi (vgl. 2 C 186) sollen die Brüder Gehorsam leisten, wie es schon in BR 1,3 formuliert ist.

In regelmäßigen Abständen sollen sich die Brüder zu einem Kapitel versammeln. Einerseits erinnert dies an die Apostel und die Jünger, die nach der Aussendung wieder bei Christus zusammenkamen (vgl. Lk 9f.), andererseits auch an Apg 14,27f., dass sich die Gemeinde versammelte, um zu hören, was Gott durch sie gewirkt hat. Als bevorzugten Termin schlägt Franziskus Pfingsten vor, jenes Fest der Kirche, an dem erstmals die Apostel erfüllt vom Heiligen Geist beherzt für den auferstandenen Herrn Zeugnis gaben (vgl. Apg 2). So soll das Pfingstkapitel eine Zeit des Gebetes sein, des Austausches und des Neuaufbruchs im Namen Gottes. Weiter hat diese Versammlung der Brüder die Aufgabe, beim Todesfall[39] oder bei ungenügender Amtsausübung des Ministers einen neuen „Vater der Familie" (2 C 184) zu wählen. Dies soll aber nicht interessengelenkt sein, sondern allein im Namen des Herrn erfolgen. Dazu gibt es Beispiele aus dem Neuen Testament. So hat Christus vor der Wahl seiner 12 Apostel gebetet (vgl. Lk 6,12-16), um die richtigen zu bestimmen. Ebenso waren die Apostel im Gebet vereint, als es darum ging, einen Nachfolger für Judas Iskariot zu erbitten. Damit lässt sich letztlich diese juridische Frage nach der Leitung des Ordens doch wiederum vom Beispiel der Heiligen Schrift leiten, wie es Franziskus in BR 1,1 betont hat.

9. Kapitel

Von den Predigern

[1]Die Brüder dürfen im Bistum eines Bischofs nicht predigen, wenn es ihnen von diesem untersagt worden ist. [2]Und keiner der Brüder wage es überhaupt, dem Volke zu predigen, wenn er nicht vom Generalminister dieser Brüderschaft geprüft und bestätigt und ihm von diesem das Predigtamt gewährt worden ist. [3]Ich warne auch und ermahne diese Brüder, dass in der Predigt, die sie halten, ihre Worte wohlbedacht und lauter sein sollen (vgl. Ps 11,7; 17,31) zum Nutzen und zur Erbauung des Volkes, [4]indem sie zu ihnen sprechen von den Lastern und Tugenden, von der Strafe und Herrlichkeit mit Kürze der

---

[39] Das *quo decendente* in Vers 2 kann sowohl *tritt er ab* oder *stirbt er* heißen.

Rede, weil der Herr auf Erden sein Wort kurz gefasst hat (vgl. Röm 9,28).

In diesem eigens den Predigern gewidmeten Kapitel geht Franziskus besonders auf zwei Aspekte ein: auf die Person und auf den Inhalt der Predigt. Mit deutlichen Worten erinnert er in den Anfangsversen, woher der Prediger seinen Auftrag hat. Kirchliche Autoritäten entscheiden, ob ein Bruder geeignet ist und in einem Gebiet zum Predigtdienst eingesetzt wird. Sicherlich hört man hier die Sorge seiner Zeit heraus. Es gab viele Bewegungen, die selbstständig, ohne kirchlichen Auftrag, das Wort Gottes verkündeten und auslegten.[40] Vielleicht nimmt hier Franziskus noch das Wort des hl. Paulus auf, der in Röm 10,15 als Voraussetzung für die Verkündigung von einer diesbezüglichen Sendung schreibt. Weil es das Wort Gottes ist, darf man es sich nicht eigenmächtig aneignen, um damit vielleicht daraus noch persönliches Kapital zu schlagen.[41]

Franziskus mahnt ab Vers 3, dass die Prediger zum Nutzen für die Zuhörer ihre Worte wohlbedacht wählen sollen. In der Kürze der Rede gilt es nach dem Beispiel Christi von den Tugenden und Lastern sowie deren Konsequenzen zu sprechen. Mit Worten aus den Psalmen charakterisiert hier Franziskus das Wesen der Predigt wie des Predigers. Im zitierten Psalm heißt es, dass das Wort Gottes selbst zuerst lauter und geläutert ist. Daran hat sich der Prediger zu orientieren, frei von jeder persönlichen Verzweckung. Aus der geistlichen Betrachtung soll die Verkündigung erwachsen (vgl. 2 C 163), ja der Prediger muss selbst ein vom Feuer Gottes, vom Heiligen Geist Geläuterter sein. Gründlich im Herzen erwogen, gleichsam durch ein inneres „Wiederkauen" muss sich zuerst der Prediger selbst vom göttlichen Wort ernähren (vgl. 2 C 102). Wenn es hier im Zusammenhang heißt, dass die Worte lauter sein sollen, dann

---

[40] Seit dem 4. Laterankonzil gibt es diesbezüglich eine eindeutige Klärung hinsichtlich der Predigtbeauftragung durch den Apostolischen Stuhl oder den Ortsbischof. Zur Frage der Laienpredigt im Mittelalter siehe z. B. ZERFASS, Rolf: Der Streit um die Laienpredigt. Eine pastoralgeschichtliche Untersuchung zum Verständnis des Predigtamtes und zu seiner Entwicklung im 12. und 13. Jahrhundert. Freiburg 1974. Für den franziskanischen Kontext vgl. STADLER, Christus (wie Anm. 12) 41-49.

[41] Auch 2 Petr 1,20f. warnt vor einer eigenmächtigen Auslegung, die nicht im Heiligen Geist geschieht. Franziskus mahnt in Erm 7 mit einem Verweis auf 2 Kor 3,6 eindringlich vor einem selbstsüchtigen Gebrauch der Heiligen Schrift.

können wir in NbR 17,6f. nachlesen, was damit gemeint ist. Der Minderbruder, und zwar auch der Nichtkleriker, darf das Gute, dass Gott bisweilen durch ihn wirkt, nicht sich selbst zuschreiben, er ist Diener Gottes und nicht des eigenen Ichs. Das Wort Gottes muss daher keusch – so heißt es im lateinischen Text – vom Prediger weitergegeben werden, nicht verändert und schon gar nicht verstellt, sondern durchscheinend für den göttlichen Urheber. Hiermit nimmt Franziskus ein Anliegen des hl. Paulus aus 1 Kor 14,3f. auf. Dort weist dieser auf die Gabe der prophetischen Rede hin, die im Vergleich zur Zungenrede die Gemeinde aufbaut. Jedes vom Heiligen Geist geschenkte Charisma dient letztlich zum Nutzen aller (vgl. 1 Kor 12,7), damit der eine Leib in den vielen Gliedern zur Ehre Gottes aufgebaut werde, zur Einheit im Glauben und der Erkenntnis des Sohnes Gottes (vgl. 1 Kor 14,12. 26; Eph 4,11-13). Das war dem hl. Franziskus ein großes Anliegen, worauf er auch in NbR 21,2 unter Bezugnahme von 1 Thess 5,18 verweist. In dieser *Lob- und Mahnrede, die alle Brüder halten können,* sind die Themen einer franziskanischen Predigt mit kurzen Worten dargelegt: Lob, Dank und Buße.

Der Heilige aus Assisi fordert mit einer Anspielung aus Röm 9,28 eine kurze Predigt. Paulus zitiert dort den Propheten Jesaja, der schreibt, dass die Berufung des Menschen zum Heil letztlich aufgrund der freien Erbarmung Gottes erfolgt. Jede Verkündigung soll somit zu Christus hinführen und nicht dem eigenen Ansehen dienen. Die Auslegungstradition kannte zur Zeit des hl. Franziskus mehrere Möglichkeiten, das *verbum abbreviatum* zu deuten.[42] Wie die Regelerklärung des hl. Bonaventura belegt, verstand man unter dem „kurz gefassten Wort" Gottes entweder Christus oder die Lehre Christi, welche im Liebesgebot ihre Synthese findet. Wie das Brevier des hl. Franziskus zeigt, war er sehr wohl mit manchen Vätertexten vertraut, weshalb ihm diese Gedanken bekannt sein konnten. Wenn dazu der Apostel Paulus mit seinem Jesajazitat auf Christus anspielt, was z. B. mit 2 Kor 1,20 korrespondieren würde, dann kann sich Franziskus von Assisi diese Leseweise, Christus als *verbum abbreviatum,* im Sinne des Völkerapostels angeeignet haben.

---

[42] Vgl. nachfolgend ADINOLFI, Marco: Il „Verbum abbreviatum" nell'esposizione di San Bonaventura. In: Pontificium Athenaeum Antonianum Studium Biblicum (Hg.): La Sacra Scrittura e i Francescani. Roma-Gerusalemme 1973, 105-112; HOLTER, Bernhard: „Zum besonderen Dienst bestellt". Die Sicht des Priesteramtes bei Franz von Assisi und die Spuren seines Diakonats in den Opuscula. Werl/Westf. 1992 (Franziskanische Forschungen, 36) 217, besonders die Fußnote 36.

Dies entspräche auch dem Ziel seiner Predigt: Gott, dem höchsten und erhabensten Gut, alle Danksagung und Ehre zu erweisen (vgl. NbR 17,17f.). Andererseits mag Franziskus das *verbum abbreviatum* unabhängig von der Tradition allein als die kurze Predigtweise Christi verstanden haben, die er sich hier zum Vorbild nimmt.[43]

10. Kapitel

Von der Ermahnung und Zurechtweisung der Brüder

[1]*Jene Brüder, die Minister und Diener der anderen Brüder sind, sollen ihre Brüder aufsuchen und ermahnen und sie in Demut und Liebe zurechtweisen, ohne ihnen etwas zu befehlen, was gegen ihre Seele und unsere Regel wäre.* [2]*Die Brüder aber, die Untergebene sind, sollen beherzigen, dass sie um Gottes willen dem eigenen Willen entsagt haben.* [3]*Daher gebiete ich ihnen streng, dass sie ihren Ministern in allem gehorchen, was sie zu halten dem Herrn versprochen haben und was nicht ihrer Seele und unserer Regel zuwider ist.* [4]*Und falls irgendwo Brüder sind, die wissen und erkennen sollten, dass sie die Regel nicht geistlich beobachten können, dann sollen und können sie zu ihren Ministern Zuflucht nehmen.* [5]*Die Minister aber sollen sie liebevoll und gütig aufnehmen und ihnen mit so großer Herzlichkeit begegnen, dass sie mit ihnen reden und tun können wie Herren mit ihren Knechten.* [6]*Denn so soll es sein, dass die Minister die Knechte aller Brüder sind.* [7]*Ich warne aber und ermahne im Herrn Jesus Christus, dass die Brüder sich hüten mögen vor allem Stolz, eitler Ruhmsucht, Neid, Habsucht (vgl. Lk 12,15), der Sorge und dem geschäftigen Treiben dieser Welt (vgl. Mt 13,22),*

---

[43] Vgl. ABATE, Giuseppe: Il primitivo Breviario francescano (1224-1227). In: MF 60 (1960) 47-240, 143-155. HARDICK, Lothar / GRAU, Engelbert: Die Schriften des Heiligen Franziskus von Assisi. Werl/Westf. [9]1994 (FQS, 1) 171: Möglicherweise zeigt diese Formulierung auch einen Einfluss des damals bekannten Werkes von Petrus Cantor mit dem Titel „Verbum abbreviatum", von dem er in Predigten hörte; HOLTER, Dienst (wie Anm. 42) 217.

vor Verleumden und Murren; und die von den Wissenschaften keine Kenntnis haben, sollen nicht danach trachten, Wissenschaften zu erlernen. [8]Vielmehr sollen sie darauf achten, dass sie über alles verlangen müssen, den Geist des Herrn zu haben und sein heiliges Wirken, [9]immer zu Gott zu beten mit reinem Herzen, Demut zu haben, Geduld in Verfolgung und Krankheit und jene zu lieben, die uns verfolgen und tadeln und beschuldigen; [10]denn der Herr sagt: „Liebet eure Feinde und betet für jene, welche euch verfolgen und verleumden" (Mt 5,44). [11]„Selig, die Verfolgung leiden um der Gerechtigkeit willen, denn ihrer ist das Himmelreich" (Mt 5,10). [12]„Wer aber ausharrt bis ans Ende, der wird gerettet werden" (Mt 10,22).

Betraf BR 8 noch mehr die juridische Frage der Wahl und einer möglichen Amtsenthebung eines Ministers, so geht Franziskus nun auf dessen Aufgabe und Verhältnis zu den Brüdern ein. Schon der erste Satz macht deutlich, wie Franziskus das Amt des Ministers versteht. Zuerst sind und bleiben die Minister Brüder unter Brüdern. Hier klingt vielleicht das Wort aus Mt 23,8 an, wo Jesus Christus darauf nachdrücklich hinweist, dass nur ER der Meister ist und die Jünger einander Brüder sind. Im Sinne Jesu bezeichnet die Aufgabe des Ministers mehr. Wie Franziskus schon in NbR 6 klarstellte, soll ein leitendes Amt den Bruder nicht zum Prior machen, sondern diesen in den Dienst der Fußwaschung stellen.[44] Mit einer Verdoppelung charakterisiert der Ordensvater den Auftrag eines leitenden Bruders: Er ist *minister* und *servus*, Diener und Knecht der Brüder, die ihm anvertraut sind. Im Sinne von Mt 23,11 gilt diese Bestimmung, dass der formal Größte im Dienst der anderen steht. Jeder Jünger soll als ein Knecht des Herrn nach dem Beispiel Christi handeln.[45]

Franziskus stellt den Dienst des Ministers in die Nachfolge des guten Hirten, der die Seinen aufsucht und ihnen nachgeht (vgl. Ez 34; Lk 15;

---

[44] In NbR 6 verweist Franziskus auf Christi Beispiel beim Letzten Abendmahl.

[45] Vgl. Mt 20,26-28; Joh 13,15f. Noch deutlicher ist dieser Gedanke in NbR 5,9-12 ausgefaltet und mit dem Evangelium verstärkt. Dort nimmt Franziskus direkt Bezug auf Lk 22,26: *der Größte unter euch soll werden wie der Geringere.* Vielleicht liegt in diesem *minor*, das für jeden Bruder gilt, auch der von Franziskus gewählte Ordensname begründet. Siehe auch 2 C 148.

Joh 10). Nach dem Beispiel des Apostels Paulus soll der Minister um die Brüder besorgt sein und sie besuchen (Apg 15,36; 1 Kor 4,15ff.). Zur konkreten Umsetzung dieses Dienstes zählt unter anderem die brüderliche Zurechtweisung. Es erinnert ein wenig an die Erfahrung des hl. Paulus, der in einer Anweisung an die Philipper die manchmal notwendige Ermahnung beschreibt (vgl. Phil 2,1-3). Es soll ein Zuspruch aus Liebe sein, der zu Demut und Einmütigkeit führt. Zu guter Letzt verweist Paulus das Leben in Christus auf das Beispiel Jesu, der als Sohn Gottes Mensch geworden ist und damit wie ein Sklave (vgl. Phil 2,6-11). So wie Christus aus dem Willen des Vaters lebte, so haben die Brüder im Blick auf Gott dem eigenen Willen entsagt und sollen deshalb dem Minister gehorchen. Weiters betont Vers 4 die persönliche Verantwortung für ein regeltreues Leben. Selbständig muss der Bruder die Lebensumstände prüfen, ob die regelkonforme Nachfolge Christi möglich ist, sonst kann er sich vertrauensvoll an den Minister um Hilfe wenden. Dieses *spiritualiter = geistlich* erinnert an die eindringlichen Worte des Apostels Paulus aus 1 Kor 2,10-16.[46] Ausführlich versuchte dieser den Gläubigen in Korinth zu verdeutlichen, dass die Erkenntnis des menschlichen Wesens allein durch den Geist Gottes geschieht. Wer von der Kraft des Heiligen Geistes durchdrungen ist, vermag die größere Wirklichkeit der weltlichen Zusammenhänge zu schauen und *spiritualiter* zu beurteilen.[47] Dem Minister wiederum empfiehlt Franziskus die liebevolle Annahme des Bruders, um gerade darin nach dem Beispiel von Kol 3,12 und Tit 1,8 die brüderlich-sorgende Haltung auszudrücken. Damit tritt dieser an die Stelle Christi, der alle zu sich eingeladen hat, die mühselig und beladen sind (vgl. Mt 11,28).

Mit Vers 7 verschärft Franziskus den Ton. Vielleicht aus eigener Erfahrung und seiner guten Menschenkenntnis warnt Franziskus vor speziellen Lastern. Dazu nimmt er ein Wort aus Lk 12,15 auf, um wirklich in der Autorität Christi zu sprechen. Stolz, Ruhmsucht und Neid münden in der Habsucht, die als Wurzelsünde vom Herrn verurteilt wird, wovor schon der Epheserbrief gewarnt hat (vgl. Eph 4,19; 5,3. 5). Franziskus

---

[46] Vgl. CONTI, Lettura (wie Anm. 14) 319-325.

[47] Von dieser geistlichen Verständnisweise schreibt Franziskus im Zusammenhang mit dem allgemeinen Schriftverständnis in Erm 7. Dazu siehe SCHNEIDER, Johannes: „Dem Geist des Buchstabens folgen." Schriftlesung nach Admonitio VII des hl. Franziskus von Assisi. In: VAIANI, Cesare (Hg.): Domini vestigia sequi. Festschrift Giovanni BOCCALI. Assisi 2003, 229-269.

erweitert diese Mahnung um den Aspekt der alltäglichen Geschäftigkeit, die in Mt 13,22 von Christus mit dem Bild der Dornen als Hindernis für die wahre Annahme des Wortes Gottes umschrieben wird.[48] Dazu ergänzt der hl. Franziskus noch die Ehrabschneidung und das Murren, wovor schon die Apostel Paulus und Petrus gewarnt haben (vgl. Phil 2,14 und 1 Petr 4,9). Nach dieser eher nüchternen Aufzählung bringt Franziskus das Gegenmittel für solche Belastungen: den Heiligen Geist. Geradezu euphorisch ermutigt er die Brüder, sich mit allen Kräften nach Gottes Geist und seinem heiligen Wirken zu sehen. Diese Gegenüberstellung vom egoistischen Handeln des Menschen und dem Wirken des Heiligen Geistes erinnert an Röm 8 und Gal 5,16-26. Wer vom Geist bestimmt ist, möchte ganz Gott gefallen. Die Früchte des Geistes wie Geduld und Sanftmut stärken den Menschen in aller Bedrängnis und Verfolgung. Als erstes Wirken des Geistes in uns (oder durch uns) nennt Franziskus das ständige Gebet. Somit nimmt er den Auftrag Christi auf, allezeit zu wachen und zu beten (vgl. Lk 18,1; 21,36). Der Herr selbst hat sich immer wieder Zeiten genommen und stille Orte aufgesucht, um beim Vater zu sein.[49] Ebenso ermuntert der Apostel Paulus seine Gemeinden, ohne Unterlass und beharrlich (vgl. 1 Thess 5,17; Röm 12,12; Kol 4,2), ja jederzeit im Geist zu beten (vgl. Eph 6,18). Mit dem hl. Paulus erkennt Franziskus, dass das persönliche Beten ein Werk des Heiligen Geistes ist.[50] Weiter verweist Franziskus auf die Vorgabe aus der Bergpredigt (vgl. Mt 5). Weil es der Herr wünscht, sollen alle Ungerechtigkeiten und Verfolgungen im Gebet ertragen werden. Wer vom Herrn gesandt wird, kann nicht auf ein gemütliches Leben zählen, sondern muss mit Bedrängung verschiedenster Art rechnen (vgl. Mt 10,16ff.). Für den, der durchhält, gilt die Verheißung der ewigen Rettung.

---

[48] In der Bergpredigt entfaltet Christus diese Sorgen der Welt: Mt 6,19-34.

[49] Dem Evangelisten Lukas war es ein besonderes Anliegen, Jesus Christus im Gebet zum Vater zu bezeugen: z. B. Lk 9,28; 11,1.

[50] In Gal 4,6 und Röm 8,26 entfaltet der Apostel Paulus, dass unser Beten im Geist des Sohnes Gottes geschieht, ja dass der Geist Gottes in uns betet und für uns eintritt.

11. Kapitel

Dass die Brüder die Klöster der Nonnen nicht betreten sollen

[1]Ich befehle streng allen Brüdern, keine verdächtigen Beziehungen oder Beratungen mit Frauen zu haben [2]und die Klöster der Nonnen nicht zu betreten, jene Brüder ausgenommen, denen vom Apostolischen Stuhl eine besondere Erlaubnis erteilt worden ist. [3]Weder sollen sie eine Patenstelle bei Männern oder Frauen übernehmen, noch entstehe bei solcher Gelegenheit unter den Brüdern oder durch die Brüder ein Ärgernis.

Mit dieser Bestimmung zum Besuch von Frauenklöstern beschreibt Franziskus einen sehr konkreten Lebensalltag der Brüder zu allen Zeiten. Wenn wir diese Anordnung mit NbR 12 zusammenlesen, wird die Sorge des Franziskus deutlich, die sich dahinter verbirgt. Schon im Vorfeld soll der Umgang mit Frauen eine klare Linie verfolgen, die zu enge Beziehungen meidet, um auch nicht ein Ärgernis zu erzeugen. Mit dem Wort aus Mt 5,28 unterstreicht NbR 12 diese entschiedene Verbindlichkeit, wo Christus von der inneren Haltung spricht. Die Reinheit des Herzens beginnt schon mit dem Schauen, ja mit dem Denken. Ähnlich argumentiert der Apostel Paulus, wenn er in 1 Kor 3 und 6 den menschlichen Leib als Tempel des Heiligen Geistes bezeichnet. Als Ordensmann hat man den eigenen Leib in den Dienst Gottes gestellt und sich allein dem Herrn anverlobt (vgl. 2 Gl 51). Darum soll er auch nicht ungewollt durch eine Patenschaft in irdische Beziehungsverhältnisse verwickelt werden, die der Lebensform widersprechen könnten.[51] Wer sich in den Ordensgelübden ganz an den Herrn gebunden hat, soll frei bleiben für den Dienst am Reich Gottes. Mit der Vermeidung eines Ärgernisses erinnert Franziskus auch an Mt 18,6ff., wo Christus vor Verführungen allgemeiner Art warnt. Die Minderbrüder sollen dazu keinen Anlass geben. Franziskus bemüht sich in diesem Kapitel der zwischenmenschlichen Beziehungen mit dieser Haltung der Wachsamkeit die

---

[51] Neben möglichen materiellen Anforderungen geht es sicherlich auch um den Schutz der gelobten Keuschheit. Hier kann Vers 3 aus einer anderen lateinischen Handschrift noch spezifischer übersetzt werden: ... übernehmen, **damit** bei solcher Gelegenheit unter den Brüdern oder durch die Brüder kein Ärgernis entstehe. Vgl. LEHMANN, Erbe (wie Anm. 13) 130.

persönliche Reifung des Minderbruders nicht zu bevormunden, sondern sie anzufragen und damit zu vertiefen.

12. Kapitel

Von denen, die unter die Sarazenen und andere Ungläubige gehen

[1]Jene Brüder, die auf göttliche Eingebung hin unter die Sarazenen oder andere Ungläubige gehen wollen, sollen dazu von ihren Provinzialministern die Erlaubnis erbitten. [2]Die Minister aber sollen nur denen die Erlaubnis zu gehen erteilen, die sie für die Mission tauglich erachten. [3]Außerdem lege ich den Ministern im Gehorsam die Pflicht auf, vom Herrn Papst einen aus den Kardinälen der heiligen Römischen Kirche zu erbitten, der diese Brüderschaft lenke, in Schutz und in Zucht nehme, [4]auf dass wir, allezeit den Füßen dieser heiligen Kirche untertan und unterworfen, feststehend im katholischen Glauben (vgl. Kol 1,23), die Armut und Demut und das heilige Evangelium unseres Herrn Jesus Christus beobachten, was wir fest versprochen haben.

[Keinem Menschen soll es nun gestattet sein, dieses Unser Bestätigungsschreiben anzufechten oder mit leichtfertigem Unterfangen dagegen anzukämpfen. Sollte aber jemand sich herausnehmen, dies zu versuchen, so wisse er, dass der sich die Ungnade des allmächtigen Gottes und seiner heiligen Apostel Petrus und Paulus zuziehen wird. Gegeben im Lateran am 29. November im 8. Jahre Unseres Pontifikates[52].]

Was Franziskus in NbR 16 als Glaubenszeugnis unter den Nichtchristen mit Worten aus Mt 10,16 einleitet, wird hier im Abschlusskapitel kurz mit „göttlicher Eingebung" ausgedrückt. Mission, das Gehen zu den Ungläubigen – heute würde man sagen zu den anders Gläubigen – gründet in der Sendung durch Christus im Heiligen Geist, nicht aus dem eigenen

---

[52] D. h. im Jahr 1223.

Wollen. Wie einst die Apostel vom Herrn in jene Orte voraus gesandt wurden, wohin er selbst gehen wollte, so stehen die Brüder ebenso in diesem Auftrag Gottes. Neben dem subjektiven Sendungsbewusstsein soll der Minister als objektive Instanz den Bruder auf seine Tauglichkeit hin prüfen. Denn im Sinne von 2 Petr 1,21, dass das Evangelium niemals eigenmächtig verkündet werde, sondern vom Heiligen Geist getrieben im Auftrag Gottes, darf sich niemand diesen Dienst anmaßen, sondern soll von seinem Oberen dazu gesandt werden (vgl. Röm 10,15). Ebenso darf der Minister nur mit Blick auf die Eignung des Bruders und nicht nach eigenem Interesse entscheiden, weil auch er dem Herrn einmal Rechenschaft dafür geben muss (NbR 16,4; Lk 16,2).

Dieses Element der Prüfung wünscht sich Franziskus für den gesamten Orden durch einen vom Papst ernannten Kardinal. Dieser päpstliche Protektor hat Leitungs- und Schutzfunktion für die Bruderschaft. Mit einer Anspielung an Kol 1,23 wird die Motivation des hl. Franziskus deutlich: das unerschütterliche Festhalten am katholischen Glauben. So wie er schon während der Zeit seiner Bekehrung um den rechten Glauben gebetet hat (vgl. GebKr), sollen die Brüder mit der Hilfe eines Kardinals in den Wirren der Zeit nicht auf falsche Wege geraten. Wie im ersten Kapitel der Regel gelten für Franziskus die Kirche Christi und der Papst als Garanten für den rechten Glauben. Er möchte sich und seine Brüder so der väterlichen und mütterlichen Sorge von Papst und Kirche anvertrauen.

Vielleicht mag Franziskus überhaupt in diesem 12. Kapitel neben dem Sendungsauftrag Christi aus Mt 28 die Situation aus Kol 1,21-29 vor Augen gehabt haben: die Verkündigung des Evangeliums in der ganzen Schöpfung. Die Frohe Botschaft hat den gekreuzigten Christus zum Thema, die Hoffnung der Völker auf Herrlichkeit. Alle Menschen sollen in der Gemeinschaft mit Christus vollkommen werden. Dieses Anliegen nimmt Franziskus im Abschlussvers auf, womit sich der Kreis zum Anfangssatz der Regel schließt: *Regel und Leben der Minderen Brüder ist dieses, nämlich unseres Herrn Jesu Christi heiliges Evangelium zu beobachten.*

Die Bulle „*Quo elongati*" Papst Gregors IX.

Eingeleitet, übersetzt* und mit Anmerkungen versehen von Johannes Schneider ofm

Franziskus hatte in seinem Testament den Brüdern im Gehorsam streng befohlen, „keine Erklärungen (*glossas*) zur Regel und auch nicht zu diesen Worten [des Testaments] hinzuzufügen, indem sie sagen: So wollen sie verstanden werden" (Test 38). Dieses testamentarische Auslegungsverbot hinsichtlich des von Honorius III. am 29. November 1223 feierlich bullierten Grundtextes der franziskanischen Lebensform hatte einen Großteil der Brüder in arge Verlegenheit gebracht. So wurde vom Generalkapitel im Jahre 1230 „mit dem Generalminister Johannes Parenti eine offizielle Gesandtschaft zu Papst Gregor geschickt, und zwar der hl. Antonius, Bruder Gerhard Rossignol, der Pönitentiar des Herrn Papstes, Bruder Haymo, der später Generalminister war, Bruder Leo, der später Erzbischof von Mailand war, Bruder Gerard von Modena und Bruder Petrus von Brescia. Diese sollten um eine Erklärung der Regel bitten."[1] Der hl. Bonaventura habe später in einer Predigt erzählt, „zur Zeit dieses Generalministers sei unter den Brüdern mehrfacher Zweifel bezüglich dessen, was die Regel beinhaltet, entstanden. Der General aber hielt die Regel in seinen Händen und bekräftigte, diese sei klar, man könne sie beobachten, sie sei von allen bis auf den Buchstaben (*ad litteram*) zu beobachten."[2] Von einer buchstäblichen Beobachtung hatte Franziskus allerdings nie gesprochen, wohl aber von Brüdern, „die wüssten und erkännten, dass sie die Regel nicht geistlich beobachten können" (BR 10,4). Somit wird von Anfang an eine Spannung spürbar zwischen der Weisung des Testamentes (39), die Regel ohne Erklärung (*sine glossa*) zu verstehen, und der Einsicht der Brüder, diese nicht geistlich (*spiritualiter*) leben zu können.

---

*   Eine erste Rohübersetzung verdanke ich Prof. Michael Ernst, Salzburg.

[1]   Bruder Thomas von Eccleston, Bericht von der Ankunft der Minderbrüder in England, Kap. XIII. In: HARDICK, Lothar (Hg.): Nach Deutschland und England. Die Chroniken der Minderbrüder Jordan von Giano und Thomas von Eccleston. Werl 1957 (FQS, 6) 115-214, 179.

[2]   Chronik der 24 Generalminister. In: AF III, 213.

Durch die Bulle *Quo elongati*[3] versucht Papst Gregor IX. mit Berufung auf seine lange Vertrautheit (*familiaritas*) mit Franziskus, dessen Absicht in der Regel er vollständiger (*plenius*) kennt, weil er ihm auch als Kardinalprotektor bei der Abfassung seiner Regel behilflich gewesen war, die Spannung zwischen *sine glossa* und *spiritualiter* (oder gemäß der *intentio* des Franziskus) insofern aufzulösen, als er das Testament für rechtlich unverbindlich erklärt. Die Aufhebung des durch den Ordensgründer verhängten Auslegungsverbotes wird durch den Rechtsgrundsatz begründet, dass ein „Gleicher über einen Gleichen keine Vollmacht besitzt", und will einer buchstäblichen Engführung der Regel wehren, die nicht nur starres Gesetz ist, sondern als „Regel <u>und</u> Leben" vor allem dem „Leben der Minderen Brüder" dienen soll (BR 1,1). Allerdings sollte Franziskus mit seinem Verbot der Glossierung auch Recht bekommen. Denn sein einfacher, spiritueller und praktischer Regeltext erfuhr im Laufe der Geschichte des Ordens derartig viele päpstliche und ordensinterne Erklärungen juridischer, theologischer und aszetischer Art, dass er – analog einer so genannten Glossa ordinaria, der damals gebräuchlichen, mit marginalen und interlinearen Glossen kommentierten Bibel – nicht nur durch richtige und notwendige Auslegungen unterstrichen, sondern oft auch mit Deutungen überwuchert, durch rigorose Auflagen überhöht oder von bequemen Ausreden unterhöhlt wurde.[4] Aber auch wenn erst unter Papst Paul VI. diese päpstlichen Auslegungen allesamt aufgehoben wurden,[5] wird man der ersten päpstlichen Glosse *Quo elongati* wenigstens in einem Punkt Recht geben und dankbar sein müssen, nämlich durch das *sine glossa* des letzten Willens des Heiligen

---

[3] Text und Kommentar bei GRUNDMANN, Herbert: Die Bulle „Quo elongati" Papst Gregors IX. In: AFH 54 (1961) 3-25; vgl. HARDICK, Lothar: Die Regelbeobachtung im Lichte der päpstlichen Regelerklärungen. In: Werkbuch zur Regel des heiligen Franziskus. Werl 1955, 74-88; FLOOD, David: The Politics of „Quo Elongati". In: Laur 29 (1988) 370-385; GAMBOSO, Vergilio: Testimonianze Minori su S. Antonio. Padova 2001, 45-47 u. 74-87.

[4] ESSER, Kajetan: Die endgültige Regel der Minderbrüder im Lichte der neuesten Forschung. Werl 1965; zur Geschichte: TERSCHLÜSEN, Josef: Die Regel des Franziskanerordens im Lichte der geltenden päpstlichen Regelerklärungen. In: Werkbuch zur Regel des heiligen Franziskus. Werl 1955, 93-126.

[5] Vgl. Schreiben der Religiosenkongregation vom 2. Februar 1970 an den Generalminister OFM. In: AOFM 89 (1970) 25f.: „Die früheren päpstlichen Erklärungen zur Regel des hl. Franziskus gelten hinsichtlich ihrer Verbindlichkeit als abgeschafft, außer jener Erklärungen, die im geltenden allgemeinen Kirchenrecht und in den Konstitutionen selbst enthalten sind ...".

nicht zu einem Buchstabengehorsam gegenüber der Regel versklavt zu sein, sondern diese nach durch den Autor selbst angegebenen hermeneutischen Grundsätzen im Hinblick auf das Leben nach ihr einfach, geistlich und besser katholisch (*spiriualiter, simpliciter et melius catholice*) auslegen zu dürfen.

[1]Gregor usw. [Bischof, Diener der Diener Gottes, den geliebten Söhnen,] dem Generalminister und den Provinzialministern sowie den Kustoden und den übrigen Brüdern des Ordens der Minderbrüder: [Gruß und Apostolischen Segen!]

1. [2]Je weiter ihr von der Welt flieht, indem ihr euch *Flügel wie von einer Taube* anlegt und hoch über euch selbst in die Abgeschiedenheit der Beschauung hinausfliegt (vgl. Ps 55,7-8; 68,14), desto deutlicher seht ihr die Fangnetze der Sünden voraus; ja mehr noch, *das Auge eures Herzens* (vgl. Eph 1,18) durchforscht, was ihr als hinderlich für den Fortschritt des Heils seht. [3]Daher macht der Geist zuweilen das, was anderen verborgen ist, euren Gewissen offenbar. [4]Da aber der Glanz des geistlichen Verstehens[a] durch die Dunkelheit der menschlichen Schwäche verhüllt wird, dringen zuweilen Ängstlichkeit und Zweifel ein, und schier unüberwindbare Schwierigkeiten türmen sich auf.

2. [5]Nun wurden neulich Boten bei Uns vorstellig, welche ihr, [meine] Söhne [Provinzial-]Minister, während ihr auf dem Generalkapitel versammelt wart, geschickt habt, und unter denen auch du persönlich, [mein] Sohn Generalminister, anwesend warst. [6]Dabei wurde Uns dargelegt, dass in eurer Regel einige zweifelhafte und dunkle Dinge sowie *manches schwer Verständliche* (vgl. 2 Petr 3,16) enthalten sind. [7]Der selige Bekenner Christi heiligen Angedenkens, Franziskus, wollte jedoch nicht, dass seine Regel durch die Auslegung irgendeines Bruders erklärt werde. [8]Deshalb hat er gegen Ende seines Lebens angeordnet – diese Anordnung heißt „Testament" –, dass die Worte der Regel selbst nicht glossiert werden dürfen;[b] ebenso soll es nicht heißen, um seine eigenen Worte zu gebrauchen, „so müssen sie verstanden werden". [9]Er fügte hinzu, dass die Brüder auf keine Weise sich irgendwelche

---

[a] Lat. *intelligentie spiritalis*; vielleicht ist damit auf das „geistliche *(spiritualiter)* Beobachten der Regel" (BR 10,4) angespielt.

[b] Lat. *non glossentur*; der Ausdruck *glossa* in Test 38 lässt vermuten, dass Franziskus die „Glossa ordinaria" wenigstens vom Hörensagen gekannt hat: vgl. Biblia Sacra cum glossa interlineari, ordinaria, Nicolai Lyrani Postilla, eiusdem Moralitatibus, Burgensis Additionibus, & Thoringi Replicis, Bd. II. Venedig 1588 (Basel 1498).

Schreiben vom Apostolischen Stuhl erbitten dürfen, und er fügte noch anderes Derartige ein, was nicht ohne große Schwierigkeiten beobachtet werden kann.

3. [10]Da ihr nun zweifelt, ob ihr zur Beobachtung des genannten „Testaments" verpflichtet seid, habt ihr Uns gebeten, diesen Zweifel von eurem Gewissen und dem eurer Brüder wegzunehmen. [11]Denn aus dem langen vertrauten Umgang, den der Bekenner mit Uns hatte,[c] kennen Wir seine Absicht vollständiger. [12]Ebenso standen Wir ihm in der Abfassung besagter Regel und im Erlangen ihrer Bestätigung durch den Apostolischen Stuhl bei, als Wir damals noch ein niedrigeres Amt bekleideten.

[13]Deshalb habt ihr um Klärung des Zweifelhaften und Dunklen in dieser Regel und gleichzeitig auch um Antwort auf gewisse Schwierigkeiten gebeten. [14]In der Tat glauben Wir, dass der Bekenner Christi mit besagter Anordnung fromme Absicht verband, und dass ihr euch seinen gerechten Wünschen und seinem heiligen, eifrigen Verlangen in jeder Hinsicht gleichgestalten sollt. [15]Da Wir Uns aber der Gefahr für die Seelen und der Schwierigkeiten bewusst sind, in die ihr deswegen hineingeraten könnt, erklären Wir euch, um eure Herzen vom Zweifel zu befreien, dass ihr an jene Anordnung nicht gebunden seid. [16]Denn ohne Übereinstimmung mit den Brüdern, vor allem mit den Ministern, konnte er [Franziskus] nicht zu etwas, was alle angeht, verpflichten, noch konnte er seinen Nachfolger auf irgendeine Weise verpflichten, da er als Gleicher über einen Gleichen keine Vollmacht besitzt.[d]

4. [17]Weiters haben Wir durch die genannten Boten erfahren, dass einige eurer Brüder darüber im Zweifel sind, ob sie sowohl an die Räte als auch an die Vorschriften des Evangeliums gebunden sind.[e] [18]Am Beginn eurer Regel heißt es nämlich: „Regel und Leben der Minderen Brüder ist dieses, nämlich unseres Herrn Jesu Christi heiliges Evangelium zu beobachten durch ein Leben in Gehorsam, ohne Eigentum und in Keuschheit." [19]Und am Ende derselben Regel stehen folgende Worte: „[auf dass wir] die Armut und

---

[c]   Auf langjährige Freundschaft mit Franziskus beruft sich Gregor auch in der Heiligsprechungsbulle des hl. Franziskus *Mira circa nos* (19. Juli 1228), Nr. 7. In: BF I, 42-44, 44.

[d]   Lat. *imperium par in parem*: Gregor benutzt hier eine geläufige kirchenrechtliche Formel, dass ein Nachfolger nicht durch Gesetze eines ihm gleichgestellten Vorgängers gebunden werden kann: GRUNDMANN, Bulle (wie Anm. 3) 4 u. Anm. 1.

[e]   Es geht um die Frage, ob jeder Bruder, „der sich auf diese Regel verpflichtet, alles, was im Evangelium steht, alle seine Weisungen und Räte genau und wörtlich zu befolgen hat, oder nur das, wozu ihn seine Regel ausdrücklich mit einem Gebot und Verbot verpflichtet" (GRUNDMANN, Bulle [wie Anm. 3] 5).

Demut und das heilige Evangelium unseres Herrn Jesus Christus beobachten, was wir fest versprochen haben."[f] [20]Deshalb wollen sie wissen, ob sie auch an andere Räte des Evangeliums gebunden sind als an diejenigen, welche ausdrücklich in der Regel selbst als Gebot oder Verbot enthalten sind, zumal sie selbst nicht die Absicht hatten, sich zu den anderen zu verpflichten, und weil auch kaum alle, wenn überhaupt, dem Buchstaben nach beobachtet werden können.[g]

[21]Wir antworten darauf in Kürze: Ihr seid durch die Regel nicht verpflichtet, andere Räte des Evangeliums zu halten als jene, wozu ihr euch in ihr verpflichtet habt. [22]An die übrigen aber seid ihr gebunden wie andere Christen, und umso mehr wegen des Guten und Rechten, wodurch ihr euch durch die Verachtung alles Weltlichen dem Herrn *als vortreffliches Brandopfer dargebracht habt* (vgl. Ps 66,15).

5. [23]Da in der Regel gleichfalls verboten ist, dass Brüder „auf irgendeine Weise Münzen oder Geld annehmen, weder selbst noch durch eine Mittelsperson",[h] und da sie selbst dies auf immer zu beobachten wünschen, suchen sie, darüber Gewissheit zu erlangen: [24]Dürfen sie es wagen, ohne die Regel zu verletzen, gewissen gottesfürchtigen Menschen einige Gläubige vorzustellen, durch die jene ihnen in ihrer Notlage zu Hilfe kommen können? [25]Und dürfen sie zu diesen Gläubigen in derselben Notlage mit ruhigem Gewissen Zuflucht nehmen, wenn sie erfahren haben, dass diese Münzen oder Geld angenommen haben, auch wenn sie nicht beabsichtigen, diese Münzen oder dieses Geld aus eigener Vollmacht aufbewahren zu lassen noch unter dem Titel einer Rücklage darauf Anspruch zu erheben?

[26]Darauf meinen Wir folgendermaßen antworten zu müssen: Wenn die Brüder eine notwendige Sache kaufen oder etwas schon Gekauftes bezahlen wollen, dann können sie entweder einen Boten dessen, von dem die Sache gekauft wurde, oder irgendeinen anderen zu denen schicken, die ihnen ein Almosen geben wollen, falls diese nicht lieber selbst oder durch eigene Boten bezahlen wollen. [27]Der auf diese Weise von den Brüdern geschickt wird, ist nicht ihr eigener Bote, auch wenn er von ihnen geschickt wird, sondern vielmehr Bote dessen, durch dessen Auftrag die Bezahlung erfolgt,

---

[f] BR 1,1 u. 12,4.

[g] Lat. *ad litteram*; in einem Brief an Konrad von Offida hält P. J. Olivi eine wörtliche Auslegung der Regel bzw. des Evangeliums für unmöglich und verteidigt *Quo elongati*: OLIGER, Livarius: Petri Iohannis Olivi De renuntiatione Papae Coelestini V. Quaestio et epistola. In: AFH 11 (1918) 309-373, 371.

[h] BR 4,1; der Ausdruck „Notlage" *(necessitas)* ist häufig bei Franziskus, bes. in BR 2,15; 3,9. 12; 4,2 (2x); 6,8.

oder dessen, der sie empfängt. [28]Dieser Bote muss sofort bezahlen, so dass von dem Geld nichts in seinem Besitz bleibt. [29]Wenn er aber wegen einer anderen dringenden Notlage geschickt wird, dann kann er das ihm anvertraute Almosen, als ob er dessen Eigentümer wäre, bei einem geistlichen Freund[i] der Brüder hinterlegen, damit dieser es nach Ort und Zeit entsprechend ihrer Notlage verwalte, wie er es als zuträglich ansieht. [30]Zu diesem können auch die Brüder in solchen Notlagen Zuflucht nehmen, vor allem, wenn er nachlässig wäre oder um ihre Nöte nicht wüsste.

6. [31]Außerdem ist in der Regel ausdrücklich enthalten, dass „sich die Brüder nichts aneignen sollen, weder Haus noch Ort noch irgendeine Sache".[k] [32]So fürchtet man, dass im Laufe der Zeit die Armut des Ordens verderbt werde, besonders weil einige bereits behauptet hätten, der Besitz beweglicher Güter betreffe den ganzen Orden gemeinsam. [33]Deshalb habt ihr Uns demütig ersucht, Wir mögen doch in diesem Punkt Vorsorge tragen bezüglich der Gefahren der Seelen und der Reinheit des ganzen Ordens. [34]Deshalb erklären Wir, dass sie weder gemeinsam noch einzeln Eigentum haben dürfen, sondern von Geräten und Büchern und ihren beweglichen Gütern, welche sie haben dürfen, nur Gebrauch machen können.[l] [35]Die Brüder sollen diese entsprechend den Anordnungen des Generalministers oder der Provinzialminister gebrauchen, mit Ausnahme des Eigentumsrechtes über jene Orte und Häuser, von denen bekannt ist, wem sie gehören. [36]Bewegliche Güter dürfen weder verkauft noch außerhalb des Ordens eingetauscht noch auf irgendeine Weise veräußert werden, wenn nicht der Kardinal der Römischen Kirche, welcher der Lenker des Ordens ist, dem Generalminister oder den Provinzialministern dafür die Vollmacht oder die Zustimmung gewährt hat.

7. [37]Ein weiteres Kapitel der Regel enthält: „Wenn Brüder auf Anreiz des Feindes (des Menschengeschlechts) tödlich sündigen, und es sich um solche Sünden handelt, für die unter den Brüdern verordnet sein wird, dass man sich allein an die Provinzialminister wende, sollen diese Brüder sich an sie wenden, sobald sie können, ohne Verzug."[m] [38]Die Brüder zweifeln in ihrem Gewissen, ob dies nur von öffentlichen Sünden zu verstehen ist oder gleichermaßen von öffentlichen und privaten. [39]Die Antwort ist: Besagtes Kapitel bezieht sich nur auf sichtbare und öffentliche Sünden. [40]Wir wollen,

---

[i]   Das Amt des „geistlichen Freundes" *(amicus spiritualis)*, der sich um die materiellen Bedürfnisse der Brüder kümmern sollte, findet sich schon in BR 4,2.

[k]   BR 6,1.

[l]   Hier wird die hilfreiche, später aber auch missbrauchte Unterscheidung zwischen Besitz *(proprietas)* und Gebrauch *(usus)* von Gütern eingeführt.

[m]   BR 7,1.

dass der Generalminister für die Provinzen so viele von sehr erfahrenen und besonnenen[n] Priestern bestellen lässt, wie es die Minister als nützlich erachten. [41]Sie sollen für die privaten Sünden Beichte hören, falls nicht die Brüder lieber ihren Ministern oder Kustoden, die in ihren Niederlassungen absteigen, beichten wollen.

8. [42]Weiters gebietet die Regel, dass es „auf keine Weise irgendeinem Bruder *erlaubt sei,*[o] dem Volke zu predigen, er sei denn vom Generalminister dieser Brüderschaft geprüft und bestätigt und es sei ihm von diesem das Predigtamt gestattet worden". [43]Deshalb wünscht ihr euch zu vergewissern, ob wegen der Strapazen der Brüder und zur Vermeidung gefährlicher Reisen der Generalminister besagte Prüfung, Bestätigung und Aussendung zum Predigtamt an andere besonnene Brüder delegieren kann, entweder ganz allgemein zur Prüfung jener, die in den Provinzen aufgestellt wurden, oder im Einzelfall für bestimmte Brüder.

[44]Darauf geben Wir folgende Antwort: Der Generalminister kann dazu niemand Abwesenden beauftragen, sondern jene, für die man eine Prüfung notwendig glaubt, sollen zu ihm geschickt werden oder mit den Provinzialministern wegen dieser Angelegenheit auf dem Generalkapitel zusammenkommen. [45]Wenn sie aber nicht geprüft zu werden brauchen, weil sie an einer Theologischen Fakultät und im Predigtamt unterwiesen wurden, und wenn die Reife des Alters und anderes, was von solchen verlangt wird, bei ihnen vorhanden ist, können sie, wenn der Generalminister es ihnen nicht untersagt, auf die besagte Weise dem Volk predigen.

9. [46]Zur Frage der Brüder aber, ob die Vikare der Provinzialminister, welche diese an ihre Stelle setzen, wenn sie zum Generalkapitel gehen, jemanden in den Orden aufnehmen oder schon Aufgenommene entlassen können, [47]antworten Wir: Sie können es nicht, weil es nicht einmal den Ministern selbst erlaubt ist, wenn ihnen dazu nicht eine besondere Erlaubnis gewährt wurde, die ihnen der Generalminister geben, aber auch genauso wieder nehmen kann. [48]Da nach der Regel die Aufnahme von Brüdern niemand anderem als den Provinzialministern gültig übertragen werden kann,[p] haben die Provinzialminister umso weniger die Vollmacht, dies anderen zu übertragen, denn ihnen allein, und nicht anderen, ist dies übertragen.

---

n   Lat. *discretioribus*; von solchen ist auch die Rede in NbR 20,1-2.

o   Lat. *liceat*, während in BR 9,2 *audeat* steht: „er getraue sich".

p   BR 2,1.

10. [49]Überdies hegt ihr Zweifel darüber, wo es in der Regel heißt, wenn der Generalminister „stirbt, so geschehe die Wahl des Nachfolgers von den Provinzialministern und Kustoden auf dem Pfingstkapitel,"[q] [50]ob die große Zahl aller Kustoden zum Generalkapitel zusammenkommen muss? Oder würde es genügen, damit alles mit größerer Ruhe abgehandelt werde, dass aus den einzelnen Provinzen einige, welche die Stimmen der anderen übertragen bekommen haben, anwesend sind?

[51]Darauf antworten Wir folgendermaßen: Die Kustoden der einzelnen Provinzen sollen einen von ihnen bestimmen, den sie mit ihrer Stimme betrauen und zusammen mit ihrem Provinzialminister zum Kapitel beordern. [52]Wenn ihr dies einmal für euch so festgelegt habt, erachten Wir diese Bestimmung für approbiert.

11. [53]Schließlich ist in der oben genannten Regel enthalten, dass die Brüder „die Klöster der Nonnen nicht betreten sollen, jene ausgenommen, denen vom Apostolischen Stuhl eine besondere Erlaubnis erteilt worden ist".[r] [54]Bis jetzt glaubten die Brüder, dass dies von den Klöstern der „Armen klausurierten Nonnen" zu verstehen sei, da der Apostolische Stuhl für diese besondere Sorge trägt. [55]Ein derartiges Verständnis, glaubt man, sei durch eine gewisse Bestimmung zu der Zeit, als die Regel gegeben wurde und der selige Franziskus noch lebte, durch die Provinzialminister beim Generalkapitel erklärt worden. [56]Dennoch wünscht ihr Sicherheit darüber, ob dies ganz allgemein von allen [Frauenklöstern] zu verstehen sei, da die Regel keines ausnimmt, oder nur von den Klöstern besagter Nonnen.

[57]Wir antworten jedenfalls, dass dieses Verbot ganz allgemein für jedwede Art von Nonnengemeinschaften gilt. [58]Unter dem Begriff „Kloster" wollen Wir den Kreuzgang, die Wohnungen und die inneren Werkstätten verstanden wissen. [59]Denn zu den anderen Bereichen, wo auch die Weltleute hinkommen, dürfen jene Brüder Zutritt haben, denen dies der Predigt wegen

---

[q]   BR 8,2; lat. *decente*, kann auch heißen: „tritt er ab". Jedenfalls war seine Wahl auf Lebenszeit gedacht.

[r]   BR 11,2. Der Name „Arme klausurierte Nonnen" *(pauperae moniales inclusae)* stammt von Gregor: ESSER, Kajetan: Die Briefe Gregors IX. an die hl. Klara von Assisi. In: FrSt 35 (1953) 274-295, 284; zur Namensgebung ausführlich: KREIDLER-KOS, Martina / KUSTER, Niklaus / RÖTTGER, Ancilla: „Den armen Christus arm umarmen". Das bewegte Leben der Klara von Assisi. Antworten der aktuellen Forschung und neue Fragen. In: WiWei 66 (2003) 3-81, 63-72; KREIDLER-KOS, Martina / RÖTTGER, Ancilla / KUSTER, Niklaus: Klara von Assisi. Freundin der Stille – Schwester der Stadt. Kevelaer 2005, 107-118. – Die „aufmerksame Sorge und besondere Verantwortung" für die „Armen Herrinnen", die Franziskus für sich und seine Brüder versprochen hatte, galt nur für das Kloster von San Damiano: FormKl 2 = KlReg 6,4.

oder zum Almosenbetteln von ihren Oberen aufgrund ihrer Reife oder Eignung erlaubt wurde. [60]Ausgenommen sind immer die Klöster der oben genannten klausurierten Nonnen, zu denen keine Möglichkeit des Zutritts gegeben wird ohne besondere Erlaubnis des Apostolischen Stuhles.

[61]Gegeben zu Anagni, am 28. September, im vierten Jahr Unseres Pontifikats.

Die erste päpstliche Erklärung zum Verständnis der Regula Bullata

Das Schreiben „*Quo elongati*" (28.9.1230) Papst Gregors IX.

von Johannes Schlageter ofm

1. Zur rechtlichen Bedeutung von *Quo elongati*

Seit Herbert Grundmann den authentischen Text des päpstlichen Schreibens *Quo elongati* zum ersten Mal kritisch herausgegeben hat,[1] können sich die verschiedenen Deutungen und Gewichtungen dieses Textes endlich auf den verlässlichen Wortlaut stützen, wie er im maßgebenden *Registrum* Gregors IX. des Vatikanischen Archivs zu finden ist.[2] Gregor IX. selbst hatte ja diese so genannte *'Bulle'* nicht in die Sammlung seiner 'Dekretalen' (der päpstlichen Entscheidungen mit Rechtsverbindlichkeit) aufgenommen. Deshalb zirkulierten noch im 19. Jahrhundert bis zur Öffnung des Vatikanischen Archivs unterschiedliche Versionen des päpstlichen Schreibens.[3] Vermutlich sah Gregor IX. in seiner Erklärung zum *Testamentum* des heiligen Franziskus und zur *Regula Bullata* der Minderbrüder keine die Gesamtkirche betreffende Entscheidung. Es fällt sogar auf, dass am Schluss seines Schreibens die bei päpstlichen Entscheidungen damals üblichen Warnungen fehlen gegen die, die die Entscheidung missachten. Sie fehlen ja nicht einmal in der als Gunsterweis formulierten Bestätigung der *Regula Bullata* durch Papst Honorius III. vom 29.11.1223,[4] wo es dann am Schluss heißt:

---

[1] Siehe GRUNDMANN, Herbert: Die Bulle „Quo elongati" Papst Gregors IX. In: AFH 54 (1961) 3-25. Textedition, ebd. 20-25. Deutsche Übersetzung in diesem Band.

[2] Siehe AUVRAIE, L. (Ed.): Les registres de Grégoire IX. Fasc. 2, nr. 504. Roma 1891 (Reg. Vat., 15) 331.

[3] Vgl. GRUNDMANN, Bulle (wie Anm. 1) 15.

[4] Siehe Regula Bullata: „Honorius, episcopus, servus servorum Dei, dilectis filiis, fratri Francisco et aliis fratribus de ordine Fratrum Minorum, salutem et apostolicam benedictionem. Solet annuere Sedes Apostolica piis votis et honestis petentium desideriis favorem benevolum impertiri. Eapropter, dilecti in Domino filii, vestris piis precibus inclinati, ordinis vestri regulam, a bonae memorie Innocentio papa, praedecessore nostro, approbatam, annotatam praesentibus, auctoritate vobis apostolica confirmamus et praesentis scripti communimus. Quae talis est: In nomine Domini. Incipit vita Minorum Fratrum." In: ESSER, Cajetan: Die Opuscula des hl. Franziskus

„Keinem Menschen soll es gestattet sein, dieses unser Bestätigungsschreiben anzufechten oder mit leichtfertigem Unterfangen dagegen anzukämpfen. Sollte aber jemand sich herausnehmen, das zu versuchen, wisse er, dass er sich die Ungnade des allmächtigen Gottes und seiner seligen Apostel Petrus und Paulus zuziehen wird. Gegeben im Lateran am 29. November im 8. Jahre unseres Pontifikates."[5] Obwohl also die Eingangsworte (*Arenga*) von Honorius III. einen Gunsterweis anzeigen, deutet die Schlussformulierung eine rechtsverbindliche Entscheidung an. Kirchenrechtshistoriker sehen aber darin nicht formal eine „*Bulle*", eine besonders qualifizierte päpstliche Rechtsetzung. Am Willen des Papstes, eine rechtsverbindliche Bestätigung der Regel zu geben, besteht freilich kein Zweifel. Allerdings ist in der Regelbestätigung nichts gesagt über die Vollmacht, die Regel ihrem Sinn nach zu erklären oder sie gar zu verändern. Steht diese Vollmacht allein der bestätigenden Autorität zu, dem Apostolischen Stuhl? Oder ist diese Vollmacht weiterhin Franziskus und seinen Brüder gegeben, die als die eigentlichen Autoren der *Regula Bullata* erscheinen? Das wird anscheinend nicht entschieden. Deswegen nimmt 1230 Papst Gregor IX. in *Quo elongati* nur sehr behutsam und gut abgesichert eine Vollmacht in Anspruch, die Regel zu erklären. So juristisch der Text von *Quo elongati* teilweise argumentiert, niemand sollte mehr Rechtsverbindlichkeit hinein legen, als in ihm zum Ausdruck kommt. Er stellt sich 'nur' dar als eine persönliche, auf Bitte der Brüder des Generalkapitels gegebene Antwort auf ihre Anfragen. Aber gerade so hat dieser Text Ordens- und Rechtsgeschichte gemacht. Seit der Regelerklärung *Exiit qui seminat* von Papst Nikolaus III. (14.8.1279) wird kirchenrechtlich, eben unter Berufung auf *Quo elongati*, eine authentische Erklärung der *Regula Bullata* der Minderbrüder dem Apostolischen Stuhl vorbehalten, was noch in den heutigen Generalkonstitutionen des Minderbrüderordens steht (CCGG Cap. I. Tit. III. a. 10).[6] Heute scheint dieser formale Vorbehalt einer Regelerklärung allein durch päpstliche Autorität nicht mehr problematisch, da der Aposto-

---

von Assisi. Neue textkritische Edition. Zweite, erweiterte und verbesserte Auflage besorgt von Engelbert GRAU. Grottaferrata (Romae) 1989 (Spicilegium Bonaventurianum, 13) 366f.

5   Siehe ebd. 371. Übersetzung nach LEHMANN, Leonhard (Hg.): Das Erbe eines Armen. Franziskus-Schriften. Kevelaer 2003, 131.

6   Damit will ich mich nicht auf einen kirchenrechtlichen und rechtsgeschichtlichen Streit einlassen, für den ich nicht kompetent wäre.

lische Stuhl alle für den Raum der römisch-katholischen Gesamtkirche geltenden Ordensstatuten autorisiert. Deshalb ist es rechtsgeschichtlich nicht mehr so entscheidend, wann dieser Vorbehalt für die *Regula Bullata* in Kraft trat. Doch die Meinung, dass das weder durch Honorius III. in *Solet annuere* noch durch Gregor IX. in *Quo elongati* geschah, lässt sich meines Erachtens vertreten.

2. Die theologisch-spirituelle Bedeutung von *Quo elongati*

2.1 Die grundsätzliche Frage nach Charisma und Institution

Gregor IX. bekräftigt mit seinem Schreiben *Quo elongati* gewissermaßen den besonderen Schutz, den die römische Kirche für den neu entstandenen Minderbrüderorden übernommen hatte. Bedeutete das jedoch bei Innozenz III. noch eher eine Gewährleistung für das gemeinschaftliche Vorhaben von Franziskus und den Seinen, bei Honorius III. mit seinen Kardinälen, besonders mit dem für den Minderbrüderorden zuständigen Kardinal von Ostia Hugolin (Hugo von Segni), weitete sich das aus zu einem schützenden, aber auch kritisch kontrollierenden und verbessernden Dienst, der sich selbst auf die zentrale und ursprünglich charismatische Lebensform der Bruderschaft bezog. Theologisch gesehen, stehen sich ja charismatische Bewegung und Institution, Prophetie und Amt nicht im Widerspruch gegenüber, jedenfalls in einer Glaubensgemeinschaft, die wie die Kirche Jesu Christi beide Grundformen von Glauben, Leben und Handeln umfasst. Beide, Charisma und Amt, haben in der Kirche Jesu Christi ihren Dienst und sind so aufeinander bezogen, dass sie sich gegenseitig in ihrer authentischen Wirksamkeit kritisch prüfen sowie sich gegenseitig ergänzen. Denn Charisma und Prophetie geben der Institution und dem Amt neue Impulse, die Institution aber und das Amt sichern dem Charisma Rückhalt und Anerkennung. Spannungen und Konflikte sind damit nicht ausgeschlossen, aber können und sollen konstruktiv fruchtbar werden zur Erbauung der Gemeinschaft.[7] Franzis-

---

[7] Eine solche Theologie von Kirche, die Charisma und Institution, Prophetie und Amt theologisch-spirituell zu verstehen gibt, lässt sich aus der Charismenlehre der paulinischen Briefe herleiten. Eine Aufgabe der Fundamentaltheologie, die noch nicht genügend wahrgenommen wird! Meist wird nur das kritische und spannungsreiche Miteinander von Theologie und Amt bedacht, nur ein Sonderfall des Miteinanders von Charisma und Institution bzw. Prophetie und Amt. Vgl. aber die Ansätze zu

kus hat in seiner charismatischen Neuentdeckung des Evangeliums als Lebensform für sich und die Seinen den Dienst des Amtes und der Institution gerade in der weltweit agierenden römischen Kirche gesucht, ja sich ihm gehorsam unterworfen.[8] Davon spricht schon die *Regula non Bullata*, ja vermutlich bereits die so genannte Ur-Regel, ausdrücklich in ihrem Vorspruch.[9] Das wird dann etwas vorsichtiger im Kapitel 19 der *Regula non Bullata* auf alle Kleriker und Ordensleute ausgeweitet: „Und alle Kleriker und alle Ordensleute wollen wir als Herren haben in dem, was das Heil der Seele angeht und nicht abweicht von unserer religiösen Gemeinschaft (*religio*). Und ihre Weihe, ihr Amt und ihre dienende Mitteilung wollen wir im Herrn verehren."[10] Diese Unterwerfung wird also ausgerichtet auf das, was das Heil der Seele angeht und was nicht abweicht von der eigenen charismatischen Gemeinschaft. Damit wird das

---

einer neuen Würdigung des Charismatischen in der Kirche bei RAHNER, Karl: Das Dynamische in der Kirche. Freiburg ³1958 (Quaestiones disputatae, 5); SCHWEITZER, Eduard: Gemeinde und Gemeindeordnung im Neuen Testament. Zürich 1959; HASEN-HÜTTL, Gotthard: Charisma. Ordnungspinzip der Kirche. Freiburg 1969; SCHLAGE-TER, Johannes: Unterscheidung der Geister? Die Frage nach den Kriterien geistlichen Lebens. In: ROTZETTER, Anton (Hg.): Geist und Geistesgaben. Zürich-Einsiedeln 1980 (Seminar Spiritualität, 2) 13-27; DERS.: Eschatologische Hoffnung als Hoffnung für die Welt. In: ROTZETTER, Anton (Hg.): Geist und Welt, politische Aspekte des geistlichen Lebens. Zürich-Einsiedeln 1981 (Seminar Spiritualität, 3) 41-60; DERS.: Eine Kirche mit weltoffener Spiritualität in einer säkularisierten Gesellschaft. In: Ebd. 69-90; LOHFINK, Gerhard: Wie hat Jesus Gemeinde gewollt? Zur gesellschaftlichen Dimension christlichen Glaubens. Freiburg ²1982; SCHLAGETER, Johannes: Im Konflikt mit der empirischen Kirche. Die Suche nach Kriterien von Kirche bei Petrus Johannis Olivi und Wilhelm von Ockham. In: FrSt 69 (1987) 88-105; BOFF, Leonardo: Charisma und Macht. München 1990.

8   Siehe SCHLAGETER, Johannes: Wurde die Armutsauffassung des Franziskus von Assisi von der „offiziellen" Kirche schließlich abgelehnt? Francisci Armutsverständnis und der Streit über „dominium Christi" und „paupertas Christi" unter Johannes XXII. In: FrSt 60 (1978) 97-119.

9   Siehe NbR, Prologus: „Haec est vita evangelii Jesu Christi, quam frater Franciscus petiit a domino papa concedi et confirmari sibi et suis fratribus habitis et futuris. Frater Franciscus et quicumque erit caput istius religionis promittat obedientiam domino Innocentio papae et reverentiam et suis successoribus. Et omnes alii fratres teneantur obedire fratri Francisco et eius successoribus." ESSER / GRAU, Opuscula (wie Anm. 4) 377.

10   Siehe NbR 19,3: „Et omnes clericos et omnes religiosos habeamus pro dominis in his quae spectant ad salutem animae et a nostra religione non deviaverint; et ordinem et officium eorum et administrationem in Domino veneremur." ESSER / GRAU, Opuscula (wie Anm. 4) 393.

Ziel eines kirchlichen amtlichen Dienstes überhaupt und speziell für das Charisma unterstrichen, zugleich aber die eigentümliche geistliche Größe des Charismas, die nicht einfach zur Disposition steht. Das gilt auch für die Unterwerfung unter den Dienst des Papstes, in der Franziskus und die Seinen ihr Charisma, nämlich die *vita evangelii Jesu Christi* (das Leben des Evangeliums Jesu Christi) nicht zur Disposition stellen, sondern gerade darin gewahrt und bestätigt sehen. Das hält sich durch bis in die *Regula Bullata* und in das *Testamentum*.[11] Im *Testamentum* wird diese vertrauensvolle Unterwerfung unter den Dienst des Papstes nur dadurch modifiziert, dass die Brüder keine Briefe der römischen Kurie erbitten sollen, um ihre Kirchen und Niederlassungen zu schützen, um ihre Predigt auszuweiten oder um Verfolgungen zu entgehen.[12] Franziskus reagiert offenbar auf Erfahrungen, dass kirchenamtlicher Rückhalt und Schutz missbraucht werden konnten, um die Konsequenzen des ureigenen Charismas, des gelebten Evangeliums Jesu Christi nicht aushalten zu müssen. Dass er sich dagegen verwahrt, ergibt sich aus der Konsequenz seines Charismas, nämlich aus der konsequenten Jesus-Nachfolge selbst. Für die Brüder, die sich da und dort in Nöten und Verfolgung behaupten mussten, mochte das freilich über ihre Kräfte gehen, besonders wenn in ihnen das ursprüngliche Charisma nicht mehr so ganz lebendig war. Damit hängt ja zusammen das Problem der Regelinterpretation, das Franziskus im *Testamentum* anspricht. Nur dort, wo das ursprüngliche Charisma lebendig ist, kann die Regel in ihrem eigentlichen Sinn „einfach und ohne Glosse" verstanden und „mit heiligem Wirken beobachtet" werden. Wo das Charisma nicht mehr lebendig ist, führen Auslegungen nur zu leicht weg vom dem, was eigentlich gemeint ist, und gefährden das Charisma. Dem stellt sich der sterbende Heilige noch einmal in den Weg.[13]

---

[11]   Vgl. dazu die besondere Bedeutung des Kardinals von Ostia als „dominus / gubernator, protector et corrector totius / istius fraternitatis" in Test 33 und BR 12,3 (ESSER / GRAU, Opuscula [wie Anm. 4] 445; 371).

[12]   Siehe Test 25: „Praecipio firmiter per obedientiam fratribus universis, quod ubicumque sunt, non audeant petere aliquam litteram in curia Romana, per se neque per interpositam personam, neque pro ecclesia neque pro alio loco neque sub specie praedicationis neque pro persecutione suorum corporum." ESSER / GRAU, Opuscula (wie Anm. 4) 441.

[13]   Siehe ingesamt Test 38-40: „Et omnibus fratribus meis clericis et laicis praecipio firmiter per obedientiam, ut non mittant glossas in regula neque in istis verbis dicendo: ‘Ita volunt intelligi.' Sed sicut dedit mihi Dominus simpliciter et pure dicere

Die institutionelle Verfestigung des Charismas in der Bruderschaft selbst sowie deren Entwicklung zu einem etablierten Orden ließ sich damit aber nicht aufhalten. Denn das rasche Wachstum der Bruderschaft über die anfänglich kleine Gemeinschaft hinaus und die Ausbreitung des Ordens in die verschiedensten Länder des damalig bekannten Erdkreises konnten nicht mehr alle der neu gewonnenen Brüder in lebendiger Berührung halten zum ursprünglichen Charisma. In lebendiger Berührung zu dem, was Franziskus und die Seinen als Leben des Evangeliums Jesu Christi entdeckt und erlebt hatten! Solche Brüder mussten sich notgedrungen an den 'Buchstaben' ihrer Regel halten und zumindest fragen dürfen: Soll das so oder so verstanden werden? Und es gab ja schon gelehrte Brüder, die sich durchaus die von Franziskus befürchtete Antwort zutrauten: 'So will das verstanden werden.' Trotz des Verbotes des Heiligen in seinem *Testamentum* tauchen solche Antworten auf, seit damals bis heute. Und es wird darum gestritten bis heute. Weil das Generalkapitel sich 1230 in solchem Streit nicht einigen konnte, so heißt es, wurde die Frage durch die „*Boten*" des Kapitels an Papst Gregor IX. herangetragen. Diese „*Boten*" waren nach Thomas von Eccleston der Generalminister Johannes Parenti, Antonius, der Lehrer des Ordens und spätere Heilige von Padua, Haymo von Faversham, der gelehrte Bruder aus der Pariser Universität, Gerhard von Rossignol, ein an der römischen Kurie tätiger Bruder, päpstlicher Pönitentiar, Bruder Leo, später Erzbischof von Mailand, ein sonst unbekannter Bruder Petrus von Brescia und Gerhard von Modena, nach Salimbene einer der frühen Brüder („*primitivi fratres*"), Gefährte des Franziskus und Vertrauter von Bruder Elias.[14] Welche Position die einzelnen genannten Brüder im damaligen Streit einnahmen, erzählt Thomas von Eccleston leider nicht. Aber alle dürften sich einig gewesen sein, dass nur der Papst selbst den Streit schlichten konnte. Das lag auch nahe, weil er offenbar die einzige von allen anerkannte Autorität war. Denn ob das Generalkapitel allgemein oder der auf dem Pfingstkapitel neu bestätigte Generalminister Johannes Parenti allein die aufgeworfenen Fragen entscheiden konnte oder sollte, darüber

---

et scribere regulam et ista verba, ita simpliciter et sine glossa intelligatis et cum sancta operatione observetis usque in finem." ESSER / GRAU, Opuscula (wie Anm. 4) 444.

[14] Siehe GRUNDMANN, Bulle (wie Anm. 1) 9. Vgl. HARDICK, Lothar: Nach Deutschland und England. Die Chroniken der Minderbrüder Jordan von Giano und Thomas Eccleston. Werl 1957 (FQS, 6) 179.

lagen die Brüder anscheinend im Streit. Johannes Parenti hatte sich auf dem Generalkapitel 1230 nur mühsam gegen den früheren Amtsinhaber Bruder Elias (bis 1227) durchsetzen können.[15] Parenti selber soll noch eine rein charismatische Antwort gegeben haben, die Regel sei ohne Erklärung zu befolgen.[16] Für eine solche Antwort fehlte anscheinend die breite Unterstützung in der Bruderschaft und vor allem das Einvernehmen darüber, wie das im Konfliktfall und in Notsituationen gelebt werden könnte. Und es ist kaum vorstellbar, dass etwa ein gelehrter Mann wie Haymo von Faversham sich mit einer solchen charismatischen Antwort zufrieden gegeben hat.[17] Das bloße Vertrauen auf die Kraft des Charismas konnte nicht ganz ausreichen, wo dieses Charisma nicht mehr überall so lebendig war und wo institutionelle Regelungen immer notwendiger schienen. Aber selbst solche Regelungen vermochte sich der Orden offenbar nicht aus eigener und alleiniger Kompetenz zu geben. Gerade das *Testamentum*, das eigentlich dem Charisma seine Zukunft wahren sollte, erschien da als das entscheidende Hindernis. So konnte nur Papst Gregor IX. den Weg in die Zukunft weisen.

---

[15] Bruder Elias selbst war nicht der Betreiber einer päpstlichen Entscheidung. Doch gerade bei ihm hatte die charismatische Freiheit schon umgeschlagen in despotische Willkür, wenn wir Thomas von Eccleston trauen dürfen, der sogar von seinem Versuch, sich wieder gewaltsam ins Amt zu drängen, berichtet. Vgl. HARDICK, Deutschland (wie Anm. 14) 177-179.

[16] Der spätere Bericht darüber ist freilich schon von späteren Auseinandersetzungen geprägt. Siehe: Chronica XXIV Generalium Ordinis Minorum. Quaracchi 1897 (AF III) 213f. Vgl. GRUNDMANN, Bulle (wie Anm. 1) 10 Anm. 1; HARDICK, Deutschland (wie Anm. 14) 179 Anm. 248. Statt „sine glossa" wie im *Testamentum* steht hier bereits der spätere Kampfruf der Eiferer „ad litteram".

[17] Haymo veranlasste ja später 1242 als Generalminister die Regelauslegung der Pariser Magistri, des Alexander von Hales mit seinen Schülern: *Expositio quattuor magistrorum*. Siehe deren Edition bei Livarius OLIGER (Rom 1950). Auf die Regelauslegung der Gelehrten reagiert dagegen ein Traum, den Thomas von Eccleston erzählt und in dem ein Bruder den heiligen Franziskus bittet: „'Vater, sieh die Väter wollen die Regel auslegen, leg lieber du uns die Regel aus!' Da antwortete der Heilige: 'Mein Sohn, geh zu den Laienbrüdern, und diese sollen dir deine Regel auslegen'." Vgl. HARDICK, Deutschland (wie Anm. 14) 185 Anm. 273; GRUNDMANN, Bulle (wie Anm. 1) 10 Anm. 2.

2.2 Eine 'salomonische' Antwort Gregors IX. in *Quo elongati*?

Gregor IX. scheint sich mit seiner Anwort Zeit gelassen zu haben, wenn auch nicht genau bekannt ist, wann ihm die Brüder ihre Probleme vortrugen. Die Antwort ist jedenfalls gut überlegt und diplomatisch rücksichtsvoll. In der *Arenga* wird einerseits der charismatisch-kontemplative Höhenflug gewürdigt, der die Minderbrüder weit über die Niederungen dieser Welt entfernt hat. Andererseits erkennen sie aus dieser Höhe schon im Voraus die auf sie zukommenden Gefahren. Doch weil nun dieser „Glanz geistlicher Erkenntnis" vom „Dunkel menschlicher Schwäche" verhüllt wird, ruft das bisweilen skrupelhafte Zweifel hervor und „gleichsam unauflösbare Schwierigkeiten".[18] Die Schwierigkeiten, die so bezüglich der Auslegung der *Regula Bullata* entstanden sind, lassen sich deswegen kaum lösen, weil Franziskus in seinem *Testamentum* allen Brüdern eine solche Auslegung untersagt hat. Wie etwa bei dem Verbot, keine Briefe vom Apostolischen Stuhl zu erbitten, ist das auch in anderen Punkten nicht ohne große Schwierigkeit zu halten. Deswegen erbitten die Brüder vor allem eine Erklärung, wie sie es mit dem *Testamentum* zu halten haben. Ein überzeugendes geistliches Verständnis von *Regula Bullata* und *Testamentum*, wie es eigentlich dem charismatisch-kontemplativen Höhenflug entspräche, ist im „Dunkel menschlicher Schwäche" unter den Brüdern nicht mehr einvernehmlich zu erreichen. Deswegen sind die Brüder mit ihren „gleichsam unauflösbaren Schwierigkeiten" auf die Hilfe des Papstes angewiesen. Vermutlich geht es ihnen dabei nicht nur um den augenblicklichen Inhaber des päpstlichen Amtes, Gregor IX., sondern mehr noch um den engen Vertrauten des Heiligen.

Jedenfalls betont der Papst nicht sein jetziges hohes Amt. Er spricht nur von der „familiären Vertrautheit", in der Franziskus schon lange mit ihm als Kardinal („in einem geringeren Amt") verbunden war, und vom Beistand, den er dem Heiligen bei der Abfassung der Regel und beim Erreichen der päpstlichen Bestätigung gegeben hatte. Das gibt Gregor IX.,

---

[18] Siehe GRUNDMANN, Bulle (wie Anm. 1) 20: „Quo elongati a seculo ut columbe pennis assumptis in secessum contemplationis super vos ipsos altius evolastis, eo conspectius peccatorum iacula previdetis et plura, per que conspicitis salutis impediri profectum, cordis vestri oculus perscrutatur. Unde que contecta sunt aliis, in conscientiis vestris quandoque spiritus manifestat, sed splendore intelligentie spiritalis caligine humane infirmitatis obducto scrupulus interdum dubitationis inducitur et difficultates quasi inextricabiles ingeruntur." Leider lassen sich diese beiden kunstvollen und komplexen Sätze im Deutschen kaum angemessen wiedergeben.

so glaubt er, eine vollständigere Erkenntnis von dessen „Intention", also von dem, was der Heilige ursprünglich wollte.[19] Gregor spricht also von einer geradezu charismatischen Nähe zu Franziskus. Denn diese Nähe konnte die noch charismatisch bewegten Brüder eher überzeugen als die Betonung seiner amtlichen Stellung, die freilich allen und besonders den eher juristisch denkenden Brüdern klar sein musste. Diese Doppelstrategie, die beiden Seiten entgegenkam, der charismatischen Seite vielleicht eher aus Neigung, der institutionellen vielleicht mehr aus kirchenpolitischem Kalkül, bestimmt meines Erachtens den gesamten Duktus von Gregors 'salomonischer' Antwort.

Einerseits gesteht Gregor IX. es der charismatischen Seite zu, dass sich die Brüder „den rechten Wünschen und dem heiligen Sehnen" des Franziskus im *Testamentum* „in jeder Weise angleichen" möchten. Andererseits erklärt er den institutionell Denkenden: Ihre Zweifel sind zu beheben, weil das *Testamentum* nicht rechtsverbindlich ist. Denn ohne den rechtlich notwendigen Konsens der Brüder und vor allem der *ministri* konnte Franziskus in seinem *Testamentum* nicht verpflichten, schon gar nicht einen rechtlich gleichrangigen Nachfolger.[20] Mit dieser Entscheidung konnte eigentlich jede der beiden Seiten leben, obwohl die charismatische Autorität des Franziskus und seines letzten Willens heruntergespielt wird.

Vielleicht noch folgenreicher war das neues Regelverständnis, das Gregor IX. damit in Gang brachte. Die maßgebende charismatische Verpflichtung auf das Evangelium Jesu Christi, die grundlegend ist für das franziskanische Charisma, wurde nun ebenfalls juristisch auseinander dividiert. Das Evangelium insgesamt verpflichtet die Brüder wie andere

---

[19] Siehe GRUNDMANN, Bulle (wie Anm. 1) 20f.: „Et cum ex longa familiaritate, quam idem Confessor nobiscum habuit, plenius noverimus intentionem ipsius et in condendo predictam Regulam et obtinendo confirmationem ipsius per sedem apostolicam sibi astiterimus, dum adhuc essemus in minori officio constituti, declarari similiter postulastis dubia et obscura regule supradicte necnon super quibusdam difficilibus responderi."

[20] Siehe insgesamt ebd. 21: „Sane quamvis predictum Christi confessorem piam intentionem in prefato mandata habuisse credamus et vos iustis votis et desideriis sanctis affectetis omnimode confirmari, Nos tamen attendentes animarum periculum et difficultates, quas propter hoc possetis incurrere, dubietatem de vestris cordibus amovendo ad mandatum illud vos dicimus non teneri, quod sine consensu fratrum et maxime ministrorum, quos universos tangebat, obligare nequivit nec successorem suum quomodolibet obligavit, cum non habeat imperium par in parem."

Christen, und zwar mit gutem Recht umso mehr, als sie sich Gott ganz geweiht haben. Doch alles im Evangelium dem Buchstaben nach („*ad litteram*") zu halten, das ist nach Gregor IX. kaum oder gar niemals möglich. Deshalb dürfen die Minderbrüder sich mit der Einhaltung dessen begnügen, was aus dem Evangelium selbst als Gebot sich ergibt bzw. was aus den Räten des Evangeliums als Gebot oder Verbot in die Regel aufgenommen wurde.[21] Damit hat Gregor IX. sowohl ein juristisches Verständnis des Evangeliums wie der Regel formuliert, das theologisch-spirituell meines Erachtens weder dem Evangelium Jesu Christi noch der Minderbrüderregel in ihrem geistlichen Gehalt ganz gerecht wird. Vielleicht wollte der Papst damit eine Diskussion unterbinden, wie weit das Evangelium Jesu Christi, aber auch dessen konsequente Verwirklichung im franziskanischen Charisma für die ganze Christenheit und gerade für die amtlich strukturierte Kirche von Belang sein konnte. Die Unmöglichkeit, hier und jetzt das Evangelium insgesamt „*ad litteram*" zu halten, war durch die geschichtliche Distanz zum evangelischen Ursprung allerdings ziemlich einleuchtend. Aber wie war nun geistlich-charismatisch („*spiritualiter*") eine authentische Jesus-Nachfolge zu verstehen und zu leben? Das ist ja die Frage, die sich an jeden Christen und an die gesamte Kirche richtet. Doch die Frage nach dem „*spiritualiter observare*"[22] konnte selbst für die konsequente Jesus-Nachfolge des franziskanischen Charismas und für dessen maßgebende Formulierung in der *Regula Bullata* nicht nur literarisch-juristisch beantwortet werden.

Das zeigt sich exemplarisch in der Interpretation des Geldverbots und des Verzichts auf Aneignung, wie sie Gregor IX. in *Quo elongati* gibt. Die Annahme von Geld bleibt den Brüdern weiterhin verboten. Aber andere Leute können als „*Boten*" die den Brüdern zugedachten Geldspenden annehmen und sie in den Nöten der Brüder ihnen zuwen-

---

21 Siehe ebd.: „dubitatur ab aliquibus fratrum vestrorum, ne tam ad consilia quam ad precepta evangelii teneantur […]. Unde scire desiderant, an ad alia evangelii teneantur consilia quam ad ea, que in ipsa regula preceptorie vel inhibitorie sunt expressa, presertim cum ipsi ad alia non se obligare intenderint et vix vel numquam omnia possint ad litteram observari. Nos autem breviter respondemus vos ad alia consilia evangelii non teneri per regulam nisi ad ea, ad que vos obligastis in ipsa. Ad cetera vero tenemini sicut reliqui christiani, et eo magis de bono et equo, quo vos obtulistis holocaustum domino medullatum per contemptum omnium mundanorum."

22 Vgl. dazu BR 10,4: „regulam spiritualiter observare" ESSER / GRAU, Opuscula (wie Anm 4) 370.

den.[23] Den Brüdern bleibt insgesamt ein Eigentumsrecht auch als Gemeinschaft verboten. Doch dürfen der Orden und jeder Einzelne gebrauchen, was sie an Gebrauchsdingen haben, insofern sie nach Verfügung der Oberen erlaubt und nötig sind. Dabei verbleibt das Eigentumsrecht zumindest bei Immobilien den früheren Gebern. Doch letzlich untersteht alles Wirtschaften der Brüder der Kontrolle und Zustimmung des für den Orden als *„gubernator"* zuständigen Kardinals der römischen Kirche.[24] Nach dem geistlichen Gehalt der beiden Regel-Bestimmungen wird dabei anscheinend kaum noch gefragt. Umso mehr geht es Gregor IX. um eine juristisch haltbare und gemeinschaftlich sinnvolle Interpretation, die freilich im Grunde beide Regelbestimmungen weitgehend aushöhlt. Gewiss musste der neuen Situation eines sich etablierenden sowie sozialökonomisch expandierenden Ordens Rechnung getragen werden. Das hätte aber vielleicht mit Regelungen erreicht werden können, die weniger am 'Buchstaben' als vielmehr am 'Geist' der *Regula Bullata* orientiert gewesen wären. Das bleibt freilich eine geschichtlich nicht verifizierbare Hypothese, zumindest für den Gesamtorden, wenn auch einzelne Brüder und kleinere Gruppen einen anderen Weg, ihr Leben zu regeln, suchten und fanden. Stattdessen schlug jedoch insgesamt die Interpretation der *Regula Bullata* einen Weg ein, der wenigstens juristisch die äußere Fassade stehen ließ, aber unter Umständen einem anderen Geist Tür und Tor öffnete. So jedenfalls erfuhren es später viele Brüder, die deswegen wie Petrus Johannis Olivi und andere zwar die Erklärung Gregors IX. akzeptierten als kleinsten gemeinsamen Nenner, aber die neue Geisteshaltung, die sich immer mehr ausbreitete, als Widerspruch zum ursprünglichen Charisma erlebten und beklagten.[25]

Die übrigen Erklärungen Gregors IX. zur Beichte schwerer Sünden, zur Predigterlaubnis, zum Teilnehmerkreis des Generalkapitels und zur

---

[23] Vgl. GRUNDMANN, Bulle (wie Anm. 1) 21f.

[24] Siehe ebd. 22: „Dicimus itaque, quod nec in communi nec in speciali debent proprietatem habere, sed utensilium et librorum et eorum mobilium, que licet habere, ordo usum habeat et fratres, secundum quod generalis minister vel Provinciales disponendum duxerint, hiis utantur, salvo locorum et domorum dominio illis, ad quos noscitur pertinere. Nec vendi debent mobilia vel extra ordinem commutari aut alienari quoquomodo, nisi Ecclesie Romane Cardinalis, qui fuerit ordinis gubernator, Generali seu Provincialibus ministris auctoritatem super hoc prebuerit vel assensum."

[25] Vgl. ebd. 11f.

päpstlichen Genehmigung für den Zutritt zu den Frauenklöstern bedeuten eine Neufassung von Regelbestimmungen, wie sie eben die neue Situation zu erfordern schien. Eigentlich hätte sie der Orden selbst mit oder ohne päpstliche Initiative neu fassen können, wenn er das als sinnvoll ansah. Sie bringen freilich den Orden auf den von Gregor IX. und gewiss von vielen Brüdern gewünschten Weg einer zunehmenden Klerikalisierung[26] sowie zur Übernahme der Brüder und Schwestern einengenden päpstlichen Nonnenpolitik.[27] Wie weit dabei das Charisma des gelebten Evangeliums gewahrt und für die damalige Zeit realisiert werden konnte, war nicht nur für Klara von Assisi eine Frage. Sie hat mit ihren Schwestern jedenfalls selbst den gut gemeinten Interventionen des kirchlichen Amtes gegenüber in ihrer eigenen Regel die Kraft des franziskanisch-klarianischen Charismas wahren können.[28]

3. Fazit

Was Gregor IX. mit *Quo elongati* 1230 in Gang brachte, gab zwar durchaus noch Freiraum für ein tieferes charismatisch-geistliches Verständnis des *Testamentum* wie der *Regula Bullata*, wie sie Franziskus intendiert hatte. Aber die Schwierigkeiten, die ein zu buchstäbliches Regelverständnis bei vielen charismatisch weniger begabten Brüdern hervorrief, konnten, so dachte wohl der Papst, nur durch eine rechtlich

---

26 So etwa wenn die Provinzialminister genügend geeignete Beichtväter für die Brüder zu ernennen haben oder wenn jemand mit der entsprechenden Ausbildung ohne weiteres zum Predigtdienst zugelassen wird. Die geltenden Restriktionen gelten nur für andere, für nur „charismatisch" Berufene besonders für „Laien".

27 Diese Nonnenpolitik zielte jedenfalls bei Gregor IX. auf eine strenge Klausur und eine unmittelbare Kontrolle der entsprechenden Frauenklöster durch die päpstliche Kurie. Dem diente hier eine Auslegung des 11. Kapitels der *Regula Bullata*: „Quod fratres non ingrediantur monasteria monacharum" (ESSER / GRAU, Opuscula [wie Anm. 4] 370), die selbst den spirituellen Einfluss der Minderbrüder auf das Leben der „Armen Frauen" Klaras so weit wie möglich ausschalten oder zumindest der päpstlichen Kontrolle unterwerfen wollte. Denn gerade bei ihnen ist der sonst bei Frauenklöstern erlaubte Zutritt „um der Predigt und zum Erbitten von Almosen" (*causa predicationis vel elemonsine petende*) ohne besondere päpstliche Erlaubnis ausgeschlossen. Vgl. GRUNDMANN, Bulle (wie Anm. 1) 24f.

28 Vgl. dazu GRAU, Engelbert / SCHLOSSER, Marianne: Leben und Schriften der heiligen Klara von Assisi. Kevelaer 2001, 227-293: Die Regel der heiligen Klara. Einführung (227-237); Text lateinisch-deutsch (238-293).

praktikable Regelerklärung 'gelöst' werden. Der Grundkonflikt allerdings zwischen einem mehr charismatisch und einem mehr juristisch-institutionell agierenden Flügel im Orden der Minderbrüder konnte auf diesem Weg nicht 'gelöst' werden. Jede der beiden Seiten brauchte zu einem konstruktiven Einvernehmen die jeweils andere. Nur im Konsens konnte die Regel also nicht nur erklärt, sondern spirituell und institutionell neu verstanden und weiterentwickelt werden. Diese Chance wurde lange Zeit nur selten sichtbar. Der Weg dafür wurde dann erst richtig frei, als die Brüder die *Regula Bullata* weniger juristisch als vielmehr spirituell verstehen lernten. Einen großen Anteil daran hatten im vergangenen Jahrhundert Brüder aus unseren deutschen Provinzen. Kein Weg für die Eiferer mit den Ruf: „*ad litteram*"! Eher eine neue Chance für den „Geist des Herrn", der den „Buchstaben" in Evangelium und Regel erst lebendig macht[29] und uns hoffentlich die Konsequenzen unserer besonderen Jesusnachfolge neu verstehen und leben lässt! Die Gefahr, die freilich schon für 1230 in der Gestalt des Bruders Elias eher symbolisiert als historisch genau beschrieben wurde, bleibt immer bestehen: Der 'Geist' der Regel und des Evangeliums kann da und dort in bloßem Belieben oder gar in despotischer Willkür enden. Aber dieser Gefahr wird meines Erachtens eher der 'Geist', der Heilige Geist in der Gabe der kritischen Unterscheidung, als bloßes Recht wehren. Doch selbst im Recht, in Institution und Amt, wird – so glaube und hoffe ich – der Heilige Geist wirksam, eben im Zusammenspiel mit dem Charisma und besonders dank der Geistesgabe der Unterscheidung.

---

[29] Siehe BR 10, 8-12; Erm VII (ESSER / GRAU, Opuscula [wie Anm. 4] 370; 110).

Bibliografie zur Regel des Minderbrüderordens

von Cornelius Bohl ofm

Die Literatur zu franziskanischen Themen ist Legion. Das gilt auch für Publikationen zur Entstehungsgeschichte der Regel des Minderbrüderordens, zu ihren verschiedenen Redaktionsstufen und ihrer Interpretation. Die nachfolgende Bibliografie beansprucht darum in keiner Weise Anspruch auf Vollständigkeit. Von den älteren Studien werden vornehmlich solche aufgeführt, die für die Forschungsgeschichte relevant waren oder immer noch eine gewisse Gültigkeit besitzen. Bei den neueren Arbeiten war die Frage entscheidend, ob sie von Umfang und Themenstellung her den bisherigen Diskussionsstand bereichern. Die so entstandene Auswahl ermöglicht sicher einen ersten Überblick über die Literatur zur Franziskusregel, bleibt aber notgedrungen subjektiv. Der Leser, der sich einen umfassenden Überblick über die Veröffentlichungen zu diesem Thema verschaffen und auch zukünftig auf dem Laufenden bleiben möchte, sei auf die jährlich als Beiheft zur *Collectanea Franciscana* erscheinende *Bibliographia Franciscana* verwiesen, die vom *Istituto Storico dei frati Cappuccini* in Rom herausgegeben wird (nähere Information unter http://www.istcap.org). Dort wird die gesamte franziskanische Literatur geordnet nach Sachgebieten aufgeführt, Publikationen zur Regel finden sich unter *Fontes Franciscani – Opuscula*.

1. Regula non bullata

1.1 Studien zur *Regula non bullata* als ganzer
(geordnet nach Erscheinungsjahr)

1) ESSER, Kajetan: Zur Textgeschichte der Regula non bullata des hl. Franziskus, in: FrSt 33 (1951) 219-237.

2) CASUTT, Laurentius: Die älteste franziskanische Lebensform. Untersuchungen zur Regula prima sine bulla, Graz 1955.

3) FLOOD, David: Die Regula non bullata der Minderbrüder, Werl/ Westf. 1967 (Franziskanische Forschungen, 19).

4) ESSER, Kajetan: Textkritische Untersuchungen zur Regula non bullata der Minderbrüder, Grottaferrata 1974.

5) BEGUIN, Pierre: La Regla de 1221, in: Cuadernos Franciscanos de Renovación 9 (1976) 209-228.

6) FLOOD, David / VAN DIJK, Willibrord-Christian / MATURA, Thaddée: La nascita di un carisma. Una lettura della prima Regola di san Francesco, Milano 1976.

7) ROTZETTER, Anton: Der franziskanische Mensch zwischen Autorität und Freiheit. Eine Re-Lectio der Regula non bullata des hl. Franziskus, in: FrSt 59 (1977) 97-124.

8) VOLLOT, Bernard: La première Règle [RegNB] de saint François e l'harmonie évangélique, in: Foi e Langage 6 (1982) 89-101, 181-191, 276-286.

9) PAUL, K. J.: The social concerns of Francis and his brothers in the "Regula non bullata", in: Tau. Review on Franciscanism (Bangalore) 12 (1987) 41-49; 13 (1988) 6-20, 40-69.

10) DOZZI, Dino: Il Vangelo nella Regola non bollata di Francesco d'Assisi, Roma 1989.

11) VOLLOT, Bernard: Le Diatessaron e la Première Règle de Saint François, in: FrSt 72 (1990) 341-364 [engl. in: Greyfriars Rev. 6 (1992) 279-317].

12) SEVENHOVEN, Hans: Lezen om er beter van te worden. Een hoofdstuk uit de Regelredactie van 1221, in: Franciscaans Leven 74 (1991) 105-118.

13) VOLLOT, Bernard: Césaire de Spire e la Règle de 1221, in: Laur 32 (1991) 173-220.

14) VOLLOT, Bernard: L'Evangile dans la Règle de 1221. Exégèse détaillée, in: FrSt 75 (1993) 339-371.

15) BÜHLMANN, Walbert: Francis and mission according to the Rule of 1221, in: Mission in the Franciscan Tradition, St. Bonaventure, New York 1994 (Spirit and Life. A Journal of Contemporary Franciscanism, Vol. 6), 87-107.

16) VOLLOT, Bernard: Cesáreo de Espira y la regla de 1221, in: Selecciones de Franciscanismo 23 (1994) 419-442; 24 (1995) 105-149.

17) ACCROCCA, Felice / CICERI, Antonio: Francesco e i suoi frati. La Regola non bollata: una regola in cammino, Milano 1998.

18) PELLEGRINI, Luigi: Contesti, tempi e ambienti della diffusione di un testo. A proposito della tradizione manoscritta della prima Regola minoritica, in: Roma, magistra mundi. Itineraria culturae medievalis. Mélanges offerts au Père L. E. BOYLE à l'occasion de son 75e anniversaire, Louvain-la-Neuve 1998, 667-685.

19) VOLLOT, Bernard: La vie des Frères Mineurs de 1216. Le texte, Roma 1999.

20) DALARUN, Jacques: «Vita istorum fratrum haec est», in: Franciscana 2 (2000) 153-161.

21) VOLLOT, Bernard: La règle des frères mineurs de 1216, in: Franciscana 2 (2000) 137-151.

22) LEHMANN, Leohnard: "Sed sint minores": La minorità nella "Regula non bullata". Proposte e reazioni, in: "Minores et subditi omnibus". Tratti caratterizzanti dell'identità francescana. Atti del Convegno Roma, 26-27 nov. 2002, a cura di Luigi PADOVESE, Roma 2003, 129-147.

1.2 Studien zu einzelnen Kapiteln/Versen der *Regula non bullata*
(geordnet in der Reihenfolge der Regelkapitel)

23) BISSCHOPS, Hubert J.: Evangelische raden als ascetisch-mystiek omvormingsproces. Het begin van Franciscus' „Regula non bullata" benaderd vanuit de wetenschappelijke disciplines spiritualiteit, kerk- en middeleeuwse geschiedenis, Nijmegen 1997.

24) SEVENHOVEN, Hans: Met weinig woorden en eenvoudig. Het begin van de regel van 1221, in: Franciscaans Leven 83 (2000) 3-11.

25) PAOLAZZI, Carlo: I frati Minori e i libri: per l'esegesi di "ad implendum eorum officium" (Rnbu III,7) e "nescientes litteras" (Rnbu III,9; Rebu X,7), in: AFH 97 (2004) 3-59.

26) BÓRMIDA, Jerónimo: El capítulo sobre el trabajo en la Regla No-Bulada, in: Multiversidad 4 (1994) 61-126 [NbR 7].

27) SEVENHOVEN, Hans: Ondergeschikt aan allen die in hetzelfde huis zijn. Het zevende hoofdstuk van de regel van 1221, in: Franc. Leven 83 (2000) 146-156 [NbR 7].

28) ABRAHAM, Taddeus J.: Begging alms [RegNB IX,1-9], in: Tau. Review on Franciscanism (Bangalore) 11 (1986) 59-66.

29) ACCROCCA, Felice: La predicazione francescana intorno a Reg. Bul. IX, in: Negotium fidei. Miscellanea di studi offerti a Mariano D'ALATRI in occasione del suo 80° compleanno. A cura di Pietro MARANESI, Roma 2002 (Bibliotheca seraphico-capuccina, 67), 107-125.

30) SEVENHOVEN, Hans: Verlangen naar de bron van alles wat er is, in: Franciscaans Leven 83 (2000) 251-261 [NbR 14 und 17].

31) LEHMANN, Leonhard: Grundzüge des franziskanischen Missionsverständnisses nach Regula non bullata 16, in: FrSt 66 (1984) 68-81.

32) HOEBERICHTS, Jan: "Alle broeders zullen preken door hun daden". Franziskus' communicatie-adviezen in RegNB 16, in: Franciscaans Leven 76 (1993) 259-270.

33) LEHMANN, Leonhard: Essential aspects of mission according to chapter 16 in the RegNB, in: Mission in the Franciscan Tradition, St. Bonaventure, New York 1994 (Spirit and Life. A Journal of Contemporary Franciscanism, Vol. 6), 47-57.

34) EGGER, Wilhelm: „Verbum in corde – cor ad Deum". Analyse und Interpretation von RegNB XXII, in: Laur 23 (1982) 286-311 [span. in: Selecciones de Franciscanismo 19 (1990) 241-263].

35) DOZZI, Dino: La sequela del capitolo XXII della "Regola non bollata", in: Laur 28 (1987) 213-285.

36) LOBO, Gerald: Franciscan life according to the Earlier Rule. Chapter 23, in: Tau 20 (1975) 107-111.

37) LEHMANN, Leonhard: „We thank You". The structure and content of Chapter 23 of the "Earlier Rule", in: Greyfriars Review 5 (1991) 1-54.

38) JANSEN, André: De grote dankzegging en aansporing, in: Franciscaans Leven 75 (1992) 213-217 (I), 258-269 (II) [NbR 23].

39) BLOWEY, David: The paternity of God in the „Writings" of Francis of Assisi. An approach to the economy of salvation in the light of Regula non bullata 23, in: MF 98 (1998) 289-347.

40) VOLLOT, Bernard: La Règle des Frères Mineurs de 1221 et celle qui l'a précédée, in: Charité (Montréal) 49 (2001) 132-135.

41) LOBO, Gerald: From Poverty to Plenty. A new reading of Regula non bullata XXIII, in: Tau 27 (2002) 62-79.

2. *Regula bullata* / Regel allgemein

2.1 Studien zur *Regula bullata* als ganzer
(geordnet nach Erscheinungsjahr)

42) HASELBECK, Gallus: Am Quellborn franziskanischen Geistes. Einführung in den Sinn und das Wesen der Regel des hl. Franziskus, Mergentheim 1923.

43) VAN DER LUUR, Victorius: Regel en Leven van de Minderbroeders, Alverna 1923 [it.: Regola e Vita dei Frati Minori, S. Maria degli Angeli 1960].

44) QUAGLIA, Armando: Origine e sviluppo della Regola francescana, Napoli 1948.

45) OLIGER, Livarius: Sancti Francisci Regula anni 1223 fontibus locisque parallelis illustrata, Romae 1950.

46) GARRA, Antonio: La meta del Serafino: I "Ostium Regulae". La Regola dei Frati minori nella disciplina e nello spirito secondo san Francesco; II "Ostium Ordinis". Legislazione preventiva della Regola francescana, Ispica (Ragusa) 1952.

47) HARDICK, Lothar: Vom Franziskusleben zur Franziskanerregel, in: WiWei 17 (1954) 27-39.

48) Werkbuch zur Regel des heiligen Franziskus, hg. von den deutschen Franziskanern, Werl 1955.

49) BIANCHINI, Ermenegildo: La Regola dei Frati Minori. Esposta con brevità secondo il Codice di diritto canonico e le nuove Costituzioni Generali, Milano ⁶1956.

50) ESSER, Kajetan: Die endgültige Regel der Minderen Brüder im Lichte der neuesten Forschung, Werl/Westf. 1965.

51) MATANIĆ, Atanasio: Adempire il Vangelo. Commento letterale e spirituale della Regola di San Francesco d'Assisi, Roma 1967.

52) GHINATO, Alberto: Una Regola in cammino. Il dinamismo della Regola nella evoluzione storica dei Frati Minori, Roma 1973.

53) GHINATO, Alberto (Ed.): Concezioni di san Francesco d'Assisi intorno alla Regola dei Frati Minori. Testimonianze raccolte dagli scritti e dalle fonti biografiche del Santo, Roma 1974.

54) GHINATO, Alberto: La Regola dei Frati Minori nel contesto degli scritti di san Francesco. Introduzione allo studio in prospettiva di vita e di spiritualità francescana, Roma 1974.

55) GARRIDO, Javier: La forma de vida franciscana. Introducción teológica a la Regla de San Francisco de Asís, [Aránzazu] 1975.

56) LIPINSKI, Ippolito J.: Regola e legislazione dei frati minori nel secolo XIII, Roma 1975.

57) IRIARTE, Lázaro: Lo que san Francisco hubiera querido decir en la Regla, in: Estudios Franciscanos 77 (1976) 375-391 [it. in: DERS. (Ed.): Temi di vita francescana, Roma 1987, 308-325].

58) CASUTT, Laurentius: Die Regel des heiligen Franziskus, in: VON BALTHASAR, Hans Urs: Die großen Ordenregeln, Leipzig ⁷1977, 261-321.

59) CONTI, Martino: Lettura biblica della Regola francescana, Roma 1977.

60) CONTI, Martino: Sinai – Fonte Colombo: il peso di una analogia nell'interpretazione della Regola francescana, in: Anton. 53 (1978) 23-55.

61) SCHMUCKI, Ottaviano: Gli scritti legislativi di san Francesco, in: Approccio storico-critico alle Fonti Francescane, Roma 1979, 73-98.

62) LÓPEZ, Sebastián: La vida del Evangelio de Jesucristo. Comentario a la Regla de los Hermanos Menores, in: Selecciones de Franciscanismo 9 (1980) 269-292, 417-449; 10 (1981) 293-324.

63) ROTZETTER, Anton: Regel und Evangelium. Eine Problemanalyse im Vergleich der Regeln der heiligen Benedikt, Franziskus und Ignatius, in: DERS.: Geist und Geistesgaben. Die Erscheinungsformen des geistlichen Lebens in ihrer Einheit und Vielfalt, [Zürich 1980], 79-84.

64) QUAGLIA, Armando: Storiografia della Regola Francescana nel secolo XIII, Ancona 1980.

65) D'OSTUNI, Marco: La regola e vita dei Frati Minori, Cavallino di Lecce, 1982.

66) CONTI, Martino / ROCCA, Giancarlo: Regola francescana, in: Dizionario degli Istituti di Perfezione VII, Roma 1983, 1471-1494.

67) CONTI, Martino: Regola, monachesimo, in: Dizionario Francescano. Spiritualità, Padova 1983, 1501-1540.

68) GARRIDO, Javier: La Forma di vida franciscana, ayer e hoy, Aránzazu 1985 [it.: La forma di vita francescana ieri e oggi, Padova 1987; dt.: Die Lebensregel des Franz von Assisi. Inspiration für heute, Freiburg 2001].

69) QUAGLIA, Armando: Storiografia e storia della Regola francescana, Ancona 1985.

70) SCHMUCKI, Ottaviano: Iniziazione alla vita francescana alla luce della Regola e di altre fonti primitive, in: L'Italia Francescana 60 (1985) 27-50, 397-426.

71) RACCA, Giorgio: La Regola dei Frati Minori, S. Maria degli Angeli – Assisi 1986, ²1995.

72) QUAGLIA, Armando: Il Celano e la Regola francescana, in: StFr 84 (1987) 177-199.

73) QUAGLIA, Armando: La Regola francescana. Lettura storico-esegetica, S. Maria degli Angeli – Assisi 1987.

74) SCHNEIDER, Herbert: Das Evangelium befolgen. Zwölf Ansprachen zur Regel des Minderbrüderordens, München 1987, ²1994.

75) Vivere l'alleanza. Approccio interdisciplinare alla Regola Bollata, Vicenza 1988.

76) URIBE, Fernando: La regla hoy, in: Acta Congressus Magistrorum Novitiorum Ordinis Fratrum Minorum in S. Mariae Angelorum de Portiuncula (Assisi) a die 8 Octobris usque ad diem 5 Novembris 1988 celebrati, Roma 1989, 379-406.

77) QUAGLIA, Armando: La Regola francescana in fra Giordano da Giano, in: StFr 86 (1989) 5-10.

78) MICÒ, Julio: Valores evangélicos de la Regla de S. Francisco hoy, in: Selecciones de Franciscanismo 19 (1990) 264-274.

79) QUAGLIA, Armando: Due regole a confronto: San Benedetto e San Francesco, Padova 1990.

80) QUAGLIA, Armando: Tommaso da Eccleston e la Regola francescana, in: StFr 87 (1990) 261-264.

81) BENIGNO DI GESÙ POVERO:[1] Liberi con Francesco. Con la regola dei Frati minori avventura evangelica oggi, Modena 1991.

82) QUAGLIA, Armando: La genesi della Regola francescana secondo D. Suysken, in: StFr 89 (1992) 191-196.

83) TABARRONI, Andrea: La Regola francescana tra autenticità e autenticazione, in: Dalla "Sequela Christi" di Francesco alla apologia della povertà. Atti del XVII Conv. Int. Assisi 1990, Spoleto 1992, 79-122.

84) GARRIDO, Javier: A new reading of the Rule of 1223 ("Regula bullata"), in: The cord 44 (1994) 175-188.

85) MICÓ, Julio: El carisma de Francisco de Asís. Comentario a la Regla bulada de 1223, in: Selecciones de Franciscanismo 25 (1996) 376-404; 26 (1997) 226-241, 453-473; 27 (1998) 22-38, 211-226, 379-400; 28 (1999) 93-112.

86) COLOM, Miquel: Gènesi de la Regla franciscana, in: Recerca (Arenys de Mar) 13 (1997) 35-39.

87) CONTI, Martino: Il codice di comunione dei Frati Minori. Introduzione e commento alla Regola, Roma 1999 [edizione profondamente rinnovata della Lettura biblica della Regola francescana, Roma 1977].

88) QUAGLIA, Armando: Documenti sulla genesi della Regola francescana, bistrattati e distorti, in: StFr 96 (1999) 177-187.

---

[1] Autor ist Generaloberer der Frati Minori Rinnovati.

89) QUAGLIA, Armando: La manipolazione dei documenti sulla genesi della regola francescana, in: StFr 97 (2000) 107-115.

90) SCHMUCKI, Oktavian: Die Regel des Johannes von Matha und die Regeln des Franziskus von Assisi. Ähnlichkeiten und Eigenheiten. Neue Beziehungen zum Islam, in: CIPOLLONE, Giulio (Ed.): La liberazione dei 'captivi' tra Cristianità e Islam. Oltre la crociata e il Gihad: tolleranza e servizio umanitario. Atti del Congresso interdisciplinare di studi storici (Roma, 16-19 settembre 1998), Città del Vaticano, Collectanea Archivi Vaticani, 46 (2000) 219-244. [span. in: Selecciones de Franciscanismo 29 (2000) 371-394; it. in: Italia Francescana 74 (1999) 11-42.]

91) QUAGLIA, Armando: Le "forzature" storico-critiche del P. K. Esser sulla genesi della regola francescana, in: StFr 98 (2001) 245-255.

92) QUAGLIA, Armando: La vera genesi della regola francescana, Assisi 2002.

93) BIGI, Mariano: La Regola di san Francesco, in: Frate Francesco (Reggio E.) 7/2002, 9-12 (I); 8/2002, 11-14 (II); 1/2003, 13-16 (III).

94) BLASTIC, Michael W.: A study of the Rule of 1223: History, exegesis, reflection, Chicago 2003.

95) BONI, Andrea: La questione del potere nell'Ordine dei Frati Minori, S. Maria degli Angeli – Assisi 2003.

96) FLOOD, David: Regulam melius observare, in: Verba Domini mei. Gli 'Opuscola' di Francesco d'Assisi a 25 anni dalla edizione di Kajetan Esser, ofm. Atti del Convegno Internazionale, Roma, 10-12 aprile 2002, a cura di Alvaro CACCIOTTI, Roma 2003, 329-361.

97) NICOLOSI, Salvatore: La Regola francescana tra tensione ideale e concretezza storica, in: Italia Francescana 73 (2003) 111-162.

98) BÓRMIDA, Jerónimo: El trabajo en la Regla, in: Cuadernos Franciscanos n. 148 (2004) 209-236.

99) MICÓ, Julio: Modo de trabajar, in: Cuadernos Franciscanos n. 148 (2004) 237-245.

100) URIBE, Fernando: Apuntes para una "lectura actualizadora" de la regla franciscana, in: Incipiamus fratres! II Congressus Interna-

tionalis Magistrorum Novitiorum OFM, La Verna – Assisi, 8-30 Octobris 2005. Acta, Roma 2006, 163-185.

101) URIBE, Fernando: Comentar hoy la regla franciscana. El "nuevo curso" en la interpretación de la Regla Bulada, cincuenta años despues del Werkbuch, in: CFr 76 (2006) 119-160.

102) URIBE, Fernando: La Regla de San Francisco. Letra y espíritu, Murcia 2006.

2.2 Studien zu einzelnen Kapiteln/Versen der *Regula bullata*
(geordnet in der Reihenfolge der Regelkapitel)

103) LE GOANVEC, Marc : "Comme des pèlerins et des étrangers en ce monde ..." (2R 6,1), in: Charité (Montreal) 49 (2001) 81-89.

104) SCHIOPPETTO, Daris: „E ovunque sono e s'incontreranno i frati si mostrino familiari tra di loro reciprocamente" (RegB VI,7), in: Vita Minorum 72 (2001) 211-231.

105) POSPÍŠIL, Ctirad Václav: Il "Verbum abbreviatum" nel c. IX della "Regula bullata" e il "Breviloquium", in: Anton. 79 (2004) 129-141.

106) MARANESI, Pietro: San Francesco e gli studi: Analisi del „nescientes litteras" del X capitolo della Regola Bollata, in: CFr 69 (1999) 7-41.

107) VIGNA, Giorgio M.: Synopsis Regularum sancti Francisci Assisiensis, S. Maria degli Angeli – Assisi 1997.

Abkürzungsverzeichnis

1. Quellenschriften, Buchreihen, Zeitschriften

1.1 Franziskusschriften

Gebet vor dem Kreuzbild von San Damiano	GebKr
Aufforderung zum Lobe Gottes	Auff
Preisgebet zu allen Horen	PreisHor
Offizium vom Leiden des Herrn	Off
Meditation zum Vaterunser	Vat
Gruß an die selige Jungfrau Maria	GrMar
Gruß an die Tugenden	GrTug
Schriftstück für Bruder Leo	
A. Lobpreis Gottes	LobGott
B. Segen für Bruder Leo	SegLeo
Sonnengesang	Sonn
Ermahnungen	Erm
Das große Testament	Test
Vermächtnis für Klara und ihre Schwestern	VermKl
Mahnlied für Klara und ihre Schwestern	MahnKl
Nicht-bullierte Regel	NbR
Bullierte Regel (1223)	BR
Regel für Einsiedeleien	REins
Lebensform für Klara und ihre Schwestern	FormKl
Brief an Bruder Leo	Leo
Brief an Bruder Antonius	Ant
Brief an einen Minister	Min
Erster Brief an die Kustoden	1 Kust
Zweiter Brief an die Kustoden	2 Kust
Brief an alle Brüder oder	
an den gesamten Orden	Ord

Brief an die Kleriker	Kler
Erster Brief an die Gläubigen	1 Gl
Zweiter Brief an die Gläubigen	2 Gl
Brief an die Lenker der Völker	Lenk
Brief an die Bürger von Bologna	Bol
Brief an die Brüder in Frankreich	Frank
Brief an Herrin Jakoba	Jak
Brief an Klara über das Fasten	Kl
Diktat über die wahre Freude	WFreud
Segen für Bruder Bernhard	SegBern
Segen für Klara und ihre Schwestern	SegKl
Das kleine Testament von Siena	TestS

1.2 Quellen zu Franziskus

Erste Lebensbeschreibung des Thomas von Celano	1 C
Zweite Lebensbeschreibung des Thomas von Celano	2 C
Mirakelbuch des Thomas von Celano	3 C
Chorlegende des Thomas von Celano	4 C
Julian von Speyer, Franziskus-Leben	Jul
Julian von Speyer, Franziskus-Offizium	JulOff
Anoymus Perusinus (Johannes von Perugia)	AP
Jordan von Giano, Chronik	Jord
Thomas von Eccleston, Chronik	Eccl
Legenda maior des hl. Bonaventura	LM
Legenda minor des hl. Bonaventura	Lm
Textsammlung von Perugia	
(= Legende von Perugia = Compilatio Assisiensis)	Per
Speculum Perfectionis Maius	SP
Speculum Perfectionis Minus	Sp
Fioretti	Fior
Betrachtungen über die Wundmale	Cons
Die Dreigefährtenlegende	Gef

1.3 Klaraschriften

Erster Brief Klaras an Agnes von Prag	1 Agn
Zweiter Brief Klaras an Agnes von Prag	2 Agn
Dritter Brief Klaras an Agnes von Prag	3 Agn
Vierter Brief Klaras an Agnes von Prag	4 Agn
Regel der hl. Klara	KlReg
Testament der hl. Klara	KlTest
Leben der hl. Klara	LebKl
Brief an Ermentrudis von Brügge	Ermen

1.4 Zeitschriften / Buchreihen

Acta Ordinis Fratrum Minorum	AOFM
Analecta Franciscana	AF
Antonianum	Anton.
Archivum Franciscanum Historicum	AFH
Bullarium Franciscanum	BF
Collectanea Franciscana	CFr
Franciscan Studies	FrancSt
Franziskanische Quellenschriften	FQS
Franziskanische Studien	FrSt
Italia Francescana	ItFranc
Laurentianum	Laur
Monumenta Germaniae Historica	MGH
Studi Francescani	StFr
Testimonia minora, ed. L. Lemmens	TM
Thuringia Franciscana	ThurFranc
Wissenschaft und Weisheit	WiWei

2. Siglen (alphabetisch)

1 Agn	Erster Brief Klaras an Agnes von Prag
1 C	Erste Lebensbeschreibung des Thomas von Celano
1 Gl	Erster Brief an die Gläubigen
1 Kust	Erster Brief an die Kustoden
2 Agn	Zweiter Brief Klaras an Agnes von Prag
2 C	Zweite Lebensbeschreibung des Thomas von Celano
2 Gl	Zweiter Brief an die Gläubigen
2 Kust	Zweiter Brief an die Kustoden
3 Agn	Dritter Brief Klaras an Agnes von Prag
3 C	Mirakelbuch des Thomas von Celano
4 Agn	Vierter Brief Klaras an Agnes von Prag
4 C	Chorlegende des Thomas von Celano
AF	Analecta Franciscana
AFH	Archivum Franciscanum Historicum
Ant	Brief an Bruder Antonius
Anton.	Antonianum
AOFM	Acta Ordinis Fratrum Minorum
AP	Anoymus Perusinus (Johannes von Perugia)
Auff	Aufforderung zum Lobe Gottes
BF	Bullarium Franciscanum
Bol	Brief an die Bürger von Bologna
BR	Bullierte Regel (1223)
CFr	Collectanea Franciscana
Cons	Betrachtungen über die Wundmale
Eccl	Thomas von Eccleston, Chronik
Erm	Ermahnungen
Ermen	Brief an Ermentrudis von Brügge
Fior	Fioretti
FormKl	Lebensform für Klara und ihre Schwestern
FQS	Franziskanische Quellenschriften
FrancSt	Franciscan Studies
Frank	Brief an die Brüder in Frankreich
FrSt	Franziskanische Studien
GebKr	Gebet vor dem Kreuzbild von San Damiano

Gef	Die Dreigefährtenlegende
GrMar	Gruß an die selige Jungfrau Maria
GrTug	Gruß an die Tugenden
ItFranc	Italia Francescana
Jak	Brief an Herrin Jakoba
Jord	Jordan von Giano, Chronik
Jul	Julian von Speyer, Franziskus-Leben
JulOff	Julian von Speyer, Franziskus-Offizium
Kl	Brief an Klara über das Fasten
Kler	Brief an die Kleriker
KlReg	Regel der hl. Klara
KlTest	Testament der hl. Klara
Laur	Laurentianum
LebKl	Leben der hl. Klara
Lenk	Brief an die Lenker der Völker
Leo	Brief an Bruder Leo
LM	Legenda maior des hl. Bonaventura
Lm	Legenda minor des hl. Bonaventura
LobGott	Lobpreis Gottes (Schriftstück für Bruder Leo: A)
MahnKl	Mahnlied für Klara und ihre Schwestern
MGH	Monumenta Germaniae Historica
Min	Brief an einen Minister
NbR	Nicht-bullierte Regel
Off	Offizium vom Leiden des Herrn
Ord	Brief an alle Brüder oder an den gesamten Orden
Per	Textsammlung von Perugia (= Legende von Perugia = Compilatio Assisiensis)
PreisHor	Preisgebet zu allen Horen
REins	Regel für Einsiedeleien
SegBern	Segen für Bruder Bernhard
SegKl	Segen für Klara und ihre Schwestern
SegLeo	Segen für Bruder Leo (Schriftstück für Bruder Leo: B)
Sonn	Sonnengesang
SP	Speculum Perfectionis Maius
Sp	Speculum Perfectionis Minus
StFr	Studi Francescani

Test	Das große Testament
TestS	Das kleine Testament von Siena
ThurFranc	Thuringia Franciscana
TM	Testimonia minora, ed. L. Lemmens
Vat	Meditation zum Vaterunser
VermKl	Vermächtnis für Klara und ihre Schwestern
WFreud	Diktat über die wahre Freude
WiWei	Wissenschaft und Weisheit

Die Herausgeber

Die **Werkstatt Franziskanische Forschung (WFF)** ist ein seit 1999 bestehender Zusammenschluss von deutschsprachigen Franziskanern, die sich auf wissenschaftlicher Ebene mit Themen aus der franziskanischen Geschichte, Theologie, Philosophie, Spiritualität und Kultur befassen. Das vorliegende Buch präsentiert erste Ergebnisse der gemeinsamen Arbeit zur Vorbereitung auf das Regeljubiläum 2009.

Die **Fachstelle Franziskanische Forschung (FFF)** ist Anfang 2007 von den deutschsprachigen Provinzen der Franziskaner, Minoriten und Kapuziner gegründet worden. Ihr Ziel ist es, in Forschung und Wissenschaft franziskanisch relevante Thematiken zu initiieren, zu fördern und zu koordinieren und dabei den Austausch mit universitären und außeruniversitären Wissenschaftlern und wissenschaftlichen Institutionen zu suchen. Die FFF hat ihren Sitz in Münster.
(www.franziskanische-forschung.de)

Die Autoren

Dr. Johannes Schneider ofm, Franziskanerkloster Telfs/Tirol; Mitarbeit am Quellenprojekt Franziskus- und Klaraschriften („Omnibus").

Dr. Benedikt Mertens ofm, Franziskanerkloster Freiburg/Breisgau.

Dr. Johannes Schlageter ofm, Gemeinschaft der Franziskaner Mannheim; Mitarbeit am Quellenprojekt Franziskus- und Klaraschriften („Omnibus"); Redaktionsmitglied der Zeitschrift „Wissenschaft und Weisheit".

Dr. Volker Stadler ofm, Franziskanerkloster Pupping/Oberösterreich; Mitarbeit am Quellenprojekt Franziskus- und Klaraschriften („Omnibus").

Dr. Cornelius Bohl ofm; Provinzvikar der Thüringischen Franziskanerprovinz; Pfarrer von St. Anna im Lehel, München; Redaktionsmitglied der Zeitschrift „Wissenschaft und Weisheit".